KB119573

상담심리사로
살아남기
진로고민부터 개업까지

오형경 · 김진형 · 함광성 공저

학지사

머리말

심리상담이라는 일을 선택하고, 상담심리사로 살아가다 보면 다양한 사람을 만나게 됩니다. 어린이, 청소년, 성인, 부부, 가족, 우울하거나 불안한 사람, 하루하루를 더 잘 보내고 싶은 사람, 마음에 크고작은 상처가 있는 사람, 꿈을 찾고 싶은 사람, 트라우마를 경험한 사람 등 무척 다양합니다. 심리상담을 하기 위해 찾아오는 다양한 사람을 우리는 '내담자'라고 칭합니다. '내담자'는 이야기를 가지고 오는 사람입니다. 누군가와는 한 번의 만남으로 그치기도 하고, 어떤 분들과는 몇 년 혹은 10년 이상을 함께 걸어가기도 합니다.

'심리상담'은 대화를 통해 이루어지는 것이 대부분이지만 내담자의 나이와 상황에 따라 놀이, 미술, 신체감각 등 다양한 도구를 통해서 사람을 이해해 보려는 과정을 거치기도 합니다. 그리고 상담자가 지켜야 하는 규칙, 윤리적인 판단도 무척 다양합니다. 얼마나 많은 상담 이론과 기법이 있는지, 초심자 시절에는 이렇게 공부를 많이 해야 한다는 사실에 당황하기도 하고 수많은 좌절을 겪기도 합니다. 또한 '내담자'와 '상담자'가 만나는 상담관계는 보통의 대인관계와 비슷하면서도 다른 독특하고 특별한 관계입니다. 이 관계 안에서 '내담자'도 '상담자'도 모두 변화하면서 나아가게 됩니다. 한 사람의 인생에 있어 중요한 순간에 함께할 수 있는 기회를 얻는 이토록 매력적인 직업이 또 있을까요. 심지어 좋은 방향으로의 변화를 목격하는 일인 걸요. 그 매력에 이끌려, 꽤 많은 사람이 '심리상담'을 하고 싶어 합니다.

하지만 현실에서 상담자는 상담만을 하지는 않습니다. 내담자와의 만남의 시간 전후에는 그 사람을 온전히 이해해 보려는 수많은 시간이 녹아 있습니다. 상담을 돌아보고, 분석하고, 수많은 서류와 책에 둘러싸여 지냅니다. 상담이라는 일 외에 진로에 대한 강의를 나가기도 하고, 마음에 대한 다양한 프로그램을 진행하기도 하고, 글을 쓰는 작가가 되기도 하며, 심지어 크리에이터가 될 수도 있습니다. 매 순간이 갈림길이고, 어쩌면 상담자처럼 평생을 진로고민을 하고 보수교육을 자발적으로 받으러 다니는 직업은 흔치 않을 겁니다.

100명의 상담자는 100가지의 저마다의 길을 갑니다. 그 과정에서 선후배들이 떠나기도 하고, 새로운 동료를 만나기도 합니다. 특히나 '심리상담'에서 가장 큰 도구는 '상담자' 자체입니다. 어떻게 해야 이 하나로 정해지지 않은 상담자의 길에서 살아남을 수 있는지, '나'라는 도구를 잘 개발해 나갈지 (아직은 살아남아 있는) 저자들이 마음을 모아 우리의 생존 경험 속 아주 작은 이정표들을 공유하고 싶어 이 책을 준비하게 되었습니다.

상담자를 꿈꾸는, 혹은 상담을 하고 있는 여러분이 막막한 이 길을 헤쳐 나가는 데 조금이라도 보탬이 되기를, 그래서 내담자에게 좀 더 마음을 기울일 수 있는 상담자가 되는 데 이 책이 기여할 수 있기를 소망합니다.

책의 모든 구성은 저자들이 함께 의논하며 만들어 가는 즐거운 작업이었고, 각자의 경험을 토대로 가장 잘 설명할 수 있는 파트를 맡았습니다. 제1장은 상담심리사를 막 꿈꾸고, 수련을 시작하려는 분들에게 다양한 진로 방향과 이 직업의 현실감을 알려 드리기 위해 상담심리사 오형경이 준비했습니다. 상담자가 아니더라도 진로를 고민하시는 분들에게 도움이 될 수 있습니다. 제2장은 개업 상담심리사가 되는 것에 앞서서 스스로를 '어떤 상담자'로 브랜딩하고 정체화할 수 있는지에 대해 의미 있는 이야기들과 실전에서 적용할 수 있는 팁을 상담심리사 김진형이 담았습니다. 마찬가지로, '퍼스널 브랜딩'의 원리가 담겨 있기 때문에 자신의 매력을 찾아보고자 하는 분들에게도 도움이 될 수 있습니다. 제3장은 상담센터 개업을 권하는 다양한 이유와 개업하고 운영할 때의 실질적인 노하우를 담았고, 마지막으로 제4장은 개업 후 자본주의 시장에서 살아남는 데 필수 조건인 홍보와 마케팅에 관한 내용을 상담심리사 함광성이 정리해 두었습니다. 이 책을 발견하여 읽고 계신 여러분이 저희의 좋은 동료가 되거나 (탈심리·탈상담을 하더라도) 나만의 진짜 꿈을 발견하는 것에 있어서 이 책이 하나의 참고서가 된다면 무척 뿌듯할 것 같습니다.

끝으로, 저희의 작업을 흥미롭게 바라봐 주신 학지사 김진환 사장님, 저자들의 마음을 현실로 이끌어 낼 수 있도록 도움을 주신 학지사 관계자분들께 감사드립니다. 나아가 관심을 갖고 기다려 주신 주변 동료, 지인, 가족분들께도 지면을 빌려 감사드립니다.

저자 일동

차례

01
상담심리사가
되어 보자

안녕하세요. 상담심리사를 하고 싶으시거나, 상담자로 더 잘 살아남기를 바라는 여러분, 정보의 홍수에 풍덩 빠져 허우적거리며 혼란감을 느끼고 계시진 않나요? 이 책은 심리상담을 업으로 삼아 보고 싶은 분들에게 진로를 고민하는 시작의 단계부터 상담자로 살아남는 방법 중 하나인 '개업 상담심리사'가 되는 과정까지를 생생하게 담고 있습니다. 이 책을 꼭 순서대로 읽어 나가실 필요는 없습니다. 이미 상담사로 어느 정도 나 자신을 정체화하였고 개업을 고민하고 계시다면 바로 3장의 내용을 펼치셔도 됩니다. 나를 어떻게 브랜딩할지가 가장 고민이 되신다면 2장부터 읽어 보셔도 좋습니다. 혹은 나는 어떤 상담자인지 진로의 아주 첫 단추부터 점검해 보고 싶으시다면 1장부터 순서대로 보셔도 됩니다. 저자들은 각각의 챕터 중 자신이 가장 잘 설명할 수 있는 부분을 맡았고, 각자의 직간접 경험을 토대로 쓰여졌으니 정답이라기보다는 하나의 참고들로 읽어 내려가 주세요. 나 자신에게 가장 적절한 답은 '내'가 알고 있습니다.

그리고 시작하기에 앞서서 꼭 전하고 싶은 것은 '개업 상담심리사'

가 최종 종착지가 아니라는 점입니다. 개업은 선택할 수 있는 옵션 중 하나이니 각자의 길을 걸어가시기를 바랍니다.

상담자가 되어 보려는 여러분, 인터넷에는 정보가 넘치지만 광고가 너무 많이 보이고, 비슷비슷한 자격증 이름들도 너무 많아 혼란스러울 수밖에 없습니다. 심리상담에 관심이 생겼는데 도대체 어디서부터 어떻게 준비를 해야 할지 여러분 앞에 망망대해가 펼쳐져 있는 것 같지요. 이제부터 무엇을 확인하고 발견해야 하는지 하나씩 알아보겠습니다.

그전에, 심리상담과 심리상담사/상담심리사*에 대한 오해를 몇 가지 짚고 넘어 가려고 합니다.

심리상담에 대한 오해들

심리상담이라는 일은 절대 망하지 않을 것이다? 인간의 고유 영역이다?

정말 많이 듣는 질문입니다. 심리상담은 누군가 대신할 수 없다고 생각하는 경우가 많습니다. 하지만 여러분 생각보다 과학기술은 정말 많이 발전했답니다. AI 상담, 챗봇 상담은 이제 흔한 영역이 되었

※ 상담심리사: 저자들이 소속되어 있는 한국상담심리학회에서 발급하는 자격명칭은 상담심리사입니다. 일반적으로 심리상담사라는 표현을 사용하지만 우리의 정체성을 명확하게 해 보고자 이 책에서는 '상담심리사'로 지칭하겠습니다.

습니다. 심지어 이 책을 쓰는 기간 동안 챗GPT가 등장해서 간략한 심리솔루션을 깔끔하게 내놓기 시작했습니다. 그러면 이 기계와 기술들이 과연 사람보다 상담을 못할까요?

이미 많이 쌓이고 쌓인 연구 결과에 따르면 사람이 아닌 대상에게 하는 상담의 만족도나 효과도 상당합니다. 국내에서도 꽤나 많이 연구되고 있는데, 2019년도에 심리치료에서 AI의 실현 가능성을 리뷰했던 Aich, Chakraborty, Kim과 Kim의 연구에서는 AI가 상담을 대체하는 것이 충분히 가능하니 상담자들은 긴장해야 한다고 이야기 하였습니다. 인지행동치료(CBT)는 VR(Virtual Reality: 가상현실)을 활용하는 경우도 많고, 챗봇의 효과성은 이미 검증되었으며, 메타버스를 활용하기도 합니다. 디지털 헬스케어에서도 심리상담/치료를 다루고 있습니다. 그도 그럴 것이 사실 인공지능(AI) 이전에 컴퓨터를 활용하고, 상담과 관련된 프로그램이 도입된 것은 1966년의 ELIZA 프로그램이니 생각보다는 오래된 일입니다. 2020년 한국전자통신연구원에서 발간한 「인공지능(AI) 7대 트렌드 정책 보고서」에 따르면, 인간의 고유한 영역으로 여겨졌던 창작 분야에서도 충분히 기능할 수 있다고 하였습니다. 정말 현실로 다가오고 있다는 이야기이죠. 코로나19 이후에는 온라인 시장이 더욱 커지게 되면서 다양한 프로그램이 도입된 것도 이러한 변화를 가속화시켰을 것입니다.

이러한 흐름을 이해하는 것이 크게 어렵진 않습니다. 최근에 사람을 대면하는 것을 유독 더 어려워하고, 전화 공포증도 있다는 보고도 늘고 있습니다. 사람이 사람을 치유하는 것은 누구도 부정할 수 없지만 동시에 사람이 가장 무섭고, 사람보다 나의 반려동물에게, 일기장에, 나의 인형에게 털어놓는 것이 훨씬 도움이 되는 경험도 부정할 수 없습니다.

다시 말해, 심리상담은 다른 직업들과 마찬가지로 더 이상 인간의 고유 영역이 아닙니다. 하지만 희망이 남아 있긴 합니다. 앞에 언급한 것처럼 여전히 많은 사람들은 사람과 직접 대면해서 이야기하는 것을 선호하고, 코로나19 때도 이 직업은 사라지진 않았습니다. 오히려 정신건강에 관한 위험 신호가 울리면서 훨씬 더 바쁘게 지낸 직업군 중 하나이지요. 정확히는 상담판 전체가 바빴다기보다는, 이런 상황에서 대처가 가능한 상담자들만 바빴습니다. 그러니 여전히 희망은 남아 있는 것이죠(이 희망 때문에 많은 이가 희망고문도 당하고……).

결국 심리상담을 하면서 먹고 산다는 것은 변화하는 세상의 흐름에 누구보다 빨리 적응하면서 준비하고 대처하는 능력이 따라야 한다는 것을 의미합니다. 세상에 거저 얻을 수 있는 건 없거든요. 그리고 아주 내밀한 마음을 나누려는 상대를 사람들은 의식적, 무의식적으로 꽤 까다로운 기준을 가지고 선택합니다.

나는 다른 사람의 고민을 잘 들어 주고 공감을 잘한다?

상담을 하고 싶은 이유를 물었을 때 정말 많이 나오는 답변입니다. 저도 한때는 그렇게 생각한 적이 있었어요(지금은 '공감한다'라는 말의 무게를 실감합니다). 스스로 공감을 잘한다고 착각했던 학창 시절에 저는 대나무숲 역할을 하고는 했답니다. 놀라울 것이 없이 상담사라는 직업을 선택한 사람들은 care giver(돌봄 제공자), 갈등의 중재자 역할을 인생에서 쉽게 경험한 사람들이 대다수입니다. 상담자가 된다면 이런 경험이나 특성은 장점이 될 수 있긴 합니다. 다만, 그건 극히 일부의 장점일 뿐이지요.

다른 사람의 고민을 잘 들어 주고 공감을 잘해 준다는 건, 타인 지향적인(중심이 타인에게 가 있는) 성향이 있다는 이야기이기도 합니다. 혹은, 내가 누구에게 도움을 줌으로써 힘을 느끼는 자기애적인 성향이 있을 수도 있습니다. 혹은, 둘 다 가지고 있거나요. 둘 중 무엇을 가지고 있든, 가지고 있지 않든 더 중요한 것은 전문적인 상담자가 되려면, 단순히 들어 주는 것으로는 부족한 것이 사실입니다. 나의 마음과 상대의 마음을 구분하는 능력(메타인지, 정신화 등과 같은 표현을 사용합니다)이 반드시 필요하죠. 여러분은 어떤 마음에서 상대방의 이야기를 잘 들어 주는 편인가요? 상담에서 '듣는다'는 경청입니다. 나의 욕구를 알고는 있지만 지극히 타인의 관점에서 듣는 능력이 필요합니다.

상대의 관점에서 듣는 것과 관련해서 유명한 표현이 있습니다. 인디언 속담인 "Put yourself in other's shoes."입니다. 그 사람의 신발을 신고 1마일을 걸어 보기 전에는 함부로 그 사람에 대해서 논하지 말라는 이야기입니다. 상담에서 가장 중요한 것이 무엇일까를 초등학생 집단에게 질문을 하더라도 '공감'이라는 답이 나오고, 내담자분들이 가장 많이 이야기하시는 것도 '공감', 즉 이해받는 경험입니다. '공감'에 대해서는 아마 하루 종일 떠들어도 이야기를 할 수 있을 만큼 많은 부분이 있습니다. 심리상담에서의 공감은 '나'도 있지만 '남'의 입장에서는 어땠을까를 상상할 수 있는 능력, '내 감정'을 분리할 수 있는 능력이 요구됩니다. 충조평판 들어 보셨죠? 내 입장에서의 충고, 조언, 평가, 판단을 상담에서 하지 않으려고 노력해야 하는 것이죠.

그리고 많은 분이 놓치고 계시는 것 중 하나는 지금까지 여러분에게 고민을 털어놓았던 것은 '지인'이거나 당장에 털어놓을 곳이 너무나 필요했던 사람들입니다. 차를 마시면서, 술을 마시면서, 혹은 허심탄회하게 다양한 환경에서 이야기를 나누어 본 경험이 있으실 겁니다. 하지만 내가 상담자로서 만나게 되는 사람은 나와 그전까지 아무 관계가 없었던 '타인'입니다. 심지어 이 시간을 제공하면서 경제 활동을 해야 합니다. 이러한 차이는 생각보다 어마어마하답니다. 좋은 쪽으로도, 불편한 쪽으로도요.

좋은 쪽으로는 원래의 관계를 고려하지 않고 오로지 '상담관계'만 고려하면 됩니다. 나랑 사적으로 만날 일이 없으니 그 시간만 집중하면 괜찮기도 하지요. 이는 동시에 내담자인 상대도 나를 철저하게 '상담자'로만 본다는 뜻입니다. 이것이 불편한 쪽이죠. 지인은 가끔씩 서로 봐주면서 넘어가기도 하죠. '얘가 원래 이런 애가 아닌데 오늘따라 말이 좀 그러네.' '오늘따라 집중을 못하네.' 하지만 상담자로서는 그럴 수 없습니다. 말 한 마디, 비언어적 행동 하나하나에는 모두 치료적 의도가 들어 있어야 합니다. 너무 과한 것 아니냐고요? 이걸 어느 정도 해내는 과정이 상담자가 되는 '수련과정'입니다. 그게 되지 않으면 마음씨 좋은 사람과 즐거운 대화를 나누는 것과 차별성이 없고, 전문가로 일하기 어려워집니다.

그래서 고민을 잘 들어 주고 공감을 잘해 준다는 분들에게 제가 뼈있는 농담을 종종 전합니다. "내가 정말 견디기 힘든 사람의 이야기를 50분 동안 존중하며 마음을 다해 들어 줄 수 있나요? 적어도 그러려고 노력할 수 있나요?" 어떠신가요. 여러분은 이 과정을 해내는 길을 걸어가실 건가요?

상담을 하기에 적합한 따뜻한 성격이다? 저는 논리적이라서 분석을 잘하니까 상담이 맞는 거 같은데요? 상담자를 하기에 적합한 성격, 있을까요?

다음 챕터에서도 더 풀어 보겠지만, 상담을 한다고 하면 "좋은 일 하시네요."라는 말을 쉽게 듣습니다. 상담은 좋은 일이 맞죠. 하지만 '좋은 말만' 하는 일은 절대 아닙니다. 상담자 진로에 대한 이야기를 나눌 때 언뜻 들으면 비슷한 두 가지 이야기를 동시에 듣습니다.

> A. 저는 주변에서 성격이 다정하고 따뜻하다고 해서 상담이 잘 어울린대요.
> B. 저는 상담을 하고 싶은데 성격이 냉정한 편이라 아무래도 힘들겠죠?

결론부터 이야기하자면 A라고 잘한다는 보장이 있는 것도 아니고, B라고 상담을 못한다는 얘기도 아닙니다. 어떤 직업군이나 조금 더 적성에 잘 맞는 성격은 있을 수 있습니다. 단조로운 일에 어려움을 덜 느끼는 사람, 임기응변에 강한 사람, 다수와 섞이는 일에 스트레스를 적게 받는 사람, 정해진 마감 기한을 부담스러워하는 사람, 혹은 오히려 좋아하는 사람 등등이요. 그런 것처럼 상담자를 할 때도 좀 더 편안하고 덜 힘겨워하는 성격적 특성은 있을 수 있습니다. 그리고 이것은 이미 연구가 많이 되어 있습니다.

심리학에는 성격5요인이라는 모델이 있습니다. 사람의 성격을 외향성, 개방성, 신경증, 친화성, 성실성의 범주로 나누어서 봅니다. 이 중 신경증을 제외하고 나머지 성격 특성은 그 경향이 높을수록 내담자와 상담관계를 잘 만들게 되고, 신경증 경향이 높으면 스스로를 자책하거나 비관적인 시각을 갖게 되거나 쉽게 우울, 죄책감을 느껴 스트레스를 받는다는 연구 결과가 있습니다. 하지만 성격은 고정적인 특성이 아니기 때문에 상담자가 점차 숙련된 상담자로 발달해 나갈수록 신경증적 성향이 있다고 하더라도 적게 드러날 수 있습니다. 오히려 장점으로 작용되기도 합니다. 반추, 성찰, 자책은 성장의 동기가 될 수도 있거든요. 그렇게 되려면 상담자 스스로 자신에 대해서 이해하고 관리하는 것이 반드시 필요하지요. 반면에 긍정적인 특성이라고 할지라도 초심 상담자는 '조절'이 안 되어서 상담관계에 반드시 긍정적으로 작용하지 않을 수도 있다고 합니다. 상상해 보세요. 이야기를 듣고 더 슬퍼서 엉엉 운다면, 그 사람에게 이야기를 더 꺼내긴 어렵겠죠. 주객이 전도될 수 있어요.

결국 내가 어떤 특성을 갖고 있는지도 중요하지만 내담자에게 어떻게 전달되는지는 더 중요합니다. 실제로 내담자가 지각한 상담자의 성격 강점 요인에 대한 연구들을 보면, 친절성, 진실성, 신중함, 목적의식, 통찰력, 열정, 겸손 등 무척 다양한 부분이 있습니다. 사람마다 도움이 되었다고 느끼는 요소가 무척 다르다는 뜻입니다. 이 이야기의 결론은 무엇인가 하면, 어떤 성격 특성은 상담을 하는 데 도움이 될 수도 있지만 성격만 믿고 상담을 할 수는 없다는 뜻입니다.

정리하자면, 상담자가 되려면 갖추어야 할 '인간적 자질'이 있습니다. 사람 마음에 대한 호기심, 존중하는 태도, 정답이 없는 애매모호함을 견디는 능력, 갈등을 마주해 보려는 용기와 같은 것들. 결국 다정하고 따뜻한 성격도, 냉정한 판단력도 모두 필요한 만능(?)의 상담자!

이쯤 되면 눈치 채셨겠지만, 특정 성격을 갖고 있어야만 상담을 할 수 있는 것은 아닙니다. 오히려 더 중요한 것은 내가 어떤 성격적 특성을 갖고 있는지 스스로 알고 강점은 더 잘 발휘될 수 있도록, 부족한 점은 어떻게 보완하는 게 좋을지를 고민하는 게 필요할 뿐이죠. 이 부분을 개발하기 위해 상담자들은 교육분석(상담자가 받는 상담)을 받으며 수련을 합니다. 경력이 많아지더라도요.

여기서 잠깐! 그럼 성숙한 성격만 가지고 있다면 상담을 할 수 있을까요?

다음 챕터에서 좀 더 다루어 보겠지만 심리상담이라는 전문직종에는 성숙한 성격만으로 표현되지 않는 부분이 있습니다. 다시 말해, 상담자는 '인간적 자질'을 가진 사람이 가질 수 있는 직업이 아닙니다. 우리에게는 '전문적 자질'도 필요합니다. 전문적 자질은 '지식'의 영역을 포함합니다. 이 부분은 다음 챕터에서 더 알아볼 예정이니 성숙한 성격을 발휘하시면서 천천히 살펴보도록 하겠습니다.

심리상담은 한 시간에 10만 원쯤 하니까 금방 부자가 되는 것 아닌가?

상담을 하면 돈을 많이 번다(?)는 유언비어의 출처가 어딘지 너무 궁금합니다. 유료상담(사설상담센터)의 상담료는 내담자의 입장에서 결코 저렴하지 않습니다. 아직까지, 한국에서 상담사업은 병원이나 약국처럼 신고-면허 시스템이 아닌 '서비스업'으로 분류되기 때문에 상담센터를 개업하는 것에 특별한 조건이 없습니다. 그러다 보니, 경력이나 센터가 화려해 보인다거나 방송 출현을 했다든지, 수많은 이유로 부르는 것이 값인 상담도 있습니다(이 모든 심리상담이 반드시 전문적이진 않을 수 있으니 주의해야 합니다). 상담비와 상담 실력이 비례하는 것은 아니기도 하고, 개업을 한 상황이 아니라면 센터에 소속된 상담자는 프리랜서와 비슷하여서 소속기관과 상담비용을 배분해서 가져가게 되는 것이 일반적입니다.

평균적으로 상담비는 10만 원쯤 하는 것으로 알려져 있는 모양인데요. 그건 프랜차이즈 상담센터가 잡아 놓은 비용이 좀 더 알려진 것이기도 합니다. 실상 심리상담을 하기 위해 몇 년의 수련을 거쳐서 취득한 자격을 갖고 일하고 있는 상담자들의 이야기를 종합해 보면, 2023년 현재에는 경력 1~5년 차의 상담자는 4~8만 원 정도의 상담비용을 받고, 5년 이상의 상담자는 6~8만 원 선의 비용을, 10년 차 이상의 상담자가 10만 원 근처의 상담비용을 받는 것으로 시장가가 형성되어 있습니다. 왜 이렇게 차이가 많이 나는 것이냐고요? 안타깝지만 앞서 말했듯, 심리상담은 아직 '서비스업'이고, 서비스 비용은 책정하기 나름이기 때문입니다.

그러면 시급이 높은 거 아닌가요? 하시겠지만……

일단 상담자가 센터에 소속이 되어 있으면, 상담비는 온전히 상담자의 것이 아니라 센터와 상담자가 나누어서 받습니다. 내담자가 온전히 다 지불하더라도 상담자에게 모두 가는 것이 아니죠. 상담뿐만이 아닙니다. 필라테스 강사도, PT 강사도, 학원 강사도 어딘가에 소속되어 있는 '프리랜서'는 모두 소속된 곳과 수입을 나누게 되어 있습니다. (상담 현장에서는 5:5의 비율이면 그럭저럭 '손해 보지 않고 받는다'라는 인식이 있습니다. 계산기 두드리는 소리가 들리네요.)

하루에 4~5명을 만나고 5일을 일한다면……이라는 수량적인 계산도 물론 가능합니다만, 상담자마다 하루에 감당이 가능한 수의 내담자와의 만남이 있습니다. 그리고 아주 많이 힘들었거나, 오래된 고민을 가지고 있다거나, 복잡한 경우에는 1명만 만나도 온 신경을 몇 배로 기울이게 되어서 한 회기가 끝나면 심신의 충전이 필요하기도 합니다.

잠깐, 더 생생하게 전해 드리자면, 저는 한국상담심리학회 자격을 취득 후 지금 5년 차의 상담자입니다. 2023년 제가 받는 상담비의 폭은 1~8만 원(50분 기준)입니다. 저는 똑같이 상담을 하지만 비용 차이가 발생하는 이유는 일을 제공하는 곳과 상담의 형태(비대면, 대면, 채팅, 전화 등), 그리고 내담자와 합의된 비용에 대한 차이 때문입니다. 그렇다고 상담의 질이 달라지게 된다면 그것은 치명적인 윤리 위반이 됩니다.

그래서 저자들처럼 개업을 하면 훨씬 나아지는 것 아니냐 하신다면…… 개업은 자영업자가 되는 것입니다. 월세와 관리비, 집기 등 고정적인 지출 비용이 발생합니다. 그리고 자영업은 정말 하나부터 열까지 모두 나의 일이죠. 상담만 하는 일은 일어날 수가 없습니다. 장점도 존재하지만 당장 하루만 청소를 안 해도 먼지가 데굴데굴 굴러다니고, '나'를 어필해야 하는 일을 꾸준히 해야 합니다. 이는 이 책의 3~4장에서 좀 더 살펴보실 수 있습니다.

두 번째로, 상담을 하는 시간에만 일을 하는 것은 아닙니다. 한 명의 내담자를 이해하기 위해 상담자는 상담 앞, 뒤에 그 외의 시간을 할애합니다. 때로는 그 한 사람을 위해 밤을 지새우기도 하고, 새로운 기법을 배우러 다니기도 하고 여러 가지 보이지 않는 시도를 하지요.

여러분 어떠세요? 시급의 환상에서 조금 현실감을 찾으실 수 있나요?

나는 심리학을 좋아하고, 공부를 하고 싶어서 상담자를 직업으로 선택했다?

지금쯤 책을 덮진 않으셨는지 모르겠네요. 심리상담에 대한 마지막 오해입니다.

심리학을 좋아하시나요? 저도 좋아합니다. 심리학 공부는 너무 재미있고 심리학 책도, 강의도, 그렇게 흥미로울 수가 없습니다. 심리학은 인간, 나와 내 주변에 대한 이야기들이 잔뜩 들어 있는 생활밀접형 학문입니다. 뭔가 새로운 시각이 생기는 기분이고 똑똑해지는 기분을 제공해 주기도 합니다.

그런데 말입니다. 공부를 하는 것과 이것을 직업으로 삼아 일하는 것은 다릅니다. 다른 학문과 직업을 예로 들어 볼게요. 그림을 좋아하고, 그림을 그리지만 화가가 되는 것은 망설여집니다. 물리학을 좋아하고, 물리학 강의도 너무 재미있고 독학도 하지만 물리학자가 되고 싶은지에서는 망설여지게 되기도 하는…… 그런 마음 있지 않으신가요?

직업이라는 것을 생각해 보면 그것을 통해 경제활동을 하고 나의 생계를 책임져야 합니다. '아니 그러면 좋아하는 일을 하면 안 되는 건가요?' 하는 반문이 들겠지만 하지 말라는 것은 절대 아니랍니다. 다만, '힘들 때도 내가 이 일을 기꺼이 해낼 수 있을까?'에 대한 고민은 해 보셨으면 좋겠습니다. 심리상담이라는 이 일이 (이쯤에서는 눈치 채셨겠지만) 그렇게 장밋빛으로 찬란하지는 않거든요. 나 자신이 계속해 볼 만한 일인지 아닌지 앞으로 조금씩 더 알아 가 보도록 합시다.

여러분은 상담과 심리상담 이 두 가지 말을 어떻게 생각하시나요? 같은 말이라고 생각하시나요, 다른 의미로 두고 있으신가요? 사람들과 만나서 제 직업에 대한 질문을 받으면 "상담을 합니다."라고 답합니다. 그러면 99% 확률로 되돌아옵니다. "어떤상담이요?" "심리상담이요." 하면…… 그 이후 수많은 오해를 마주합니다. 나에게 정리되어 있는 일이 타인에게는 아닐 수 있습니다. 이건 상담을 받으러 온 내담자 역시 마찬가지입니다. 나의 상담을 정의하기 위해서, 이 책에서 우리의 소통을 편하게 하기 위해 이 두 가지를 구분해서 사용해 보려고 합니다. 다음 챕터를 넘어가기 전에 여러분 각자 정의를 적어 보세요. 정답은 없습니다. 그냥 제가 구분했을 뿐이니까 편하게 적어 보세요.

📝 상담이란?

_____

_____

_____

📝 심리상담이란?

_____

_____

_____

_____

상담이 무엇이라고 생각하세요

정답은 없다고 말씀드렸었는데, 혹시 앞 페이지에서 미처 적어 보지 못하고 여기로 넘어오신 분이 계시다면, 다시 한번 앞으로 돌아가 칸을 채워 보세요. 나만의 정리를 갖는다는 건 상담자로서 내가 무엇을 하고 싶은지 정체성을 가져 본다는 의미이기 때문에 무척 중요합니다. 상담자가 된다면 계속 받고 생각할 질문이에요. 내담자에게 안내(구조화)도 해 주어야 하고요.

상담에 대한 정의

사전으로 검색하면 상담(相談) 서로 '상', 말씀 '담'입니다. '문제를 해결하거나 궁금증을 풀기 위하여 서로 의논함.'이라고 정의가 되어 있습니다. 영어로는 advice, counsel, consult라고 번역됩니다. 굉장히 포괄적인 단어입니다. 실제로 일상생활에서 '상담'은 휴대폰 상담, 부동산 상담, 건강상담, 영양상담, 타로상담, 변호사 상담 등 모든 영역에서 쓰이는 단어입니다.

가끔 심리상담을 너무 아끼고 애정하며 사랑할 때에는 이 상담이라는 단어가 심리상담에서만 쓰이는 것처럼 느껴지기 때문에 다른 곳에서 '상담해요' '상담사예요'라는 말을 들었을 때 알레르기 반응을 일으키시는 분들도 있습니다(한때 이랬다면 그것은 자연스럽게 거쳐 가는 과정입니다. 저도 잠깐 앓았어요). 그래서 우리는 용어 구분을 좀 더 해 볼 필요가 있습니다. 내가 하려는 상담은, 과연 어떤 것일까요?

심리상담에 대한 정의

심리상담은 사전에 무엇이라고 정의되어 있는지 보겠습니다. 심리상담(心理相談)에서 '상담'의 한자는 동일하고 앞에 심리(心理)가 추가되어 있습니다. 상담 장면에서 상담자와 내담자는 내담자의 고민거리에 대해서 서로 이야기를 나누면서 고민거리를 해결하기 위해서 공동으로 작업한다고 소개되어 있습니다. 영어로는 Psychological counseling, psychology consultation으로 번역될 수 있습니다. 또한 '심리적 문제로 인한 정서적 고통, 대인관계에서의 갈등, 사회생활에서의 부적응 등 일상생활에서 겪고 있는 다양한 문제에서 벗어나, 보다 적응적이고 편안한 삶을 누리기 위하여 상담자와 내담자가 협력하여 문제를 풀어 나가는 과정'이라는 설명도 있습니다.

즉, 마음에 대한 상담을 하는 것이라고 볼 수 있겠죠. 그러면 마음에 대해 이야기를 나눌 수 있다면 모두 심리상담이 될 수 있는 걸까요? 저는 여기에 대해서 '반만 맞다'고 생각합니다. 우리는 생각보다 마음에 대한 상담을 모든 사람과 합니다. 친구, 부모님, 선후배, 동네에 자주 가는 단골집 사장님, AI 챗봇, 일기장, 심지어 우리 집 고양이와 멍멍이에게도 마음에 대한 상담을 하게 되기도 합니다. 그렇다면, 여러분이 하고 싶은 심리상담도 그런 것인가요?

심리상담을 '전문적인 활동'으로 보려면 전문적이라고 표현할 수 있는 무언가 특별한 것이 있어야 합니다. 자격증은 내가 최소한의 전문성을 갖추었는지를 확인하는 용도일 뿐이랍니다. 그러니 자격증이 있다고 모두가 다 심리상담을 전문적으로 하는 것은 아닐 수 있습니다.

실제로 한국에서는 심리상담 관련 자격이 3천여 가지가 있고, 그것이 모두 다 비슷한 퀄리티를 보장하지는 않습니다.

그렇다면 무엇이 우리의 심리상담을 '전문적'으로 보여 줄 수 있을까요?

심리상담의 특징

결국, 마음에 대해 함께 이야기하는 전문가는 전문적인 도구를 가지고 마음을 이해해야 합니다. 여기서 도구는 '학문', 즉 '이론'을 뜻합니다. 조금씩 차별성이 생기기 시작합니다. 종교를 기반으로 심리상담을 할 수도 있고, 철학, 교육학, 사회복지, 의학, 약학 등 꽤 많은 학문이 심리상담의 기초 바닥이 됩니다. 하지만 그중 가장 기본이 되어야 하는 것은, 마음에 대한 학문인 심리학입니다.

인간을 이해하는 것에 있어서는 다양한 관점이 필요한 것은 사실입니다. 심리학이 절대적 만능 도구는 아니라서 내담자와 내담자가 처한 상황에 따라 훨씬 더 적합한 방식이 있을 수도 있습니다. 예를 들면, 신앙이 무척 깊은 기독교 신자에게는 심리학보다 하나님의 말씀이 훨씬 더 마음에 잘 와닿을 수 있습니다. 이 경우에는 심리상담보다는 기독교 상담이나 목사님의 말씀이 훨씬 더 빨리 이해되어 마음이 개운해질 수 있습니다. 당장 생계를 유지하고 살아가는 것이 중요한 상황에서는 마음에 대한 상담보다는 현실적인 대책 마련이 중요할 때도 있습니다. 한 사람이 잘 살아가기 위해서는 다양한 영역에서의 도움이 필요하고 심리상담도 그중에 한 가지일 뿐입니다. 서로의 영역을 존중하기 위해서 우리 책에서는 심리상담의 차별성에 대해서 '심리학'을 기반으로 하는 것이라고 정의를 내려 보도록 하겠습니다.

심리학에는 어떤 것들이 있을까요?

심리학에는 생물심리학, 사회심리학, 발달심리학, 인지심리학, 학습심리학, 범죄심리학, 성격심리학, 산업심리학, 조직심리학, 법심리학, 상담심리학, 임상심리학 등 굉장히 많은 세부 분야가 있습니다. 일상에서 상담심리와 임상심리가 가장 가까이 느껴지고, 범죄심리가 알려져 있을 뿐 생각보다 많은 곳에서 다양한 심리학자가 일을 하고 있습니다.

물론 어떤 글자 뒤에 '심리학'만 붙는다고 모두 심리학이 되진 않습니다. 심리학은 사회과학 분야에서 '연구'가 가능해야 하거든요. 심리학에 대해서 전반적으로 알아보고 싶으시다면 '한국심리학회' 홈페이지를 참고해 보서도 좋습니다.

우리가 궁금한 상담심리학은 심리학의 응용 분야 중 하나입니다. 응용이니까 기초가 잘 세워지는 것이 무척 중요하답니다. 기초심리학에는 발달, 성격, 학습, 사회, 인지, 생물 등이 있습니다. 반드시 '심리학과'에 가야 하는 것은 아니지만, 무엇을 공부해야 하는지는 명확합니다.

나만의 정의 내리기

자, 이제 조건이 정리되었습니다. 상담은 함께 이야기하는 것이고, 심리상담은 마음에 대해 함께 이야기하는 것입니다. 그리고 전문적인 심리상담은 이와 같은 일을 할 때 '심리학'이라는 도구를 활용하게 됩니다. 그렇다면 내가 생각하는 심리상담은 어떤 식으로 진행될 것인가요?

답을 주는 것? 위로만 해 주는 것? 돕는 것? 누군가가 더 나아지도록?

어떤 답이든 괜찮습니다. 지금 이 답에, 여러분 진로 고민의 실마리가 모두 들어 있습니다. 그리고 이 답은 계속 변화할 수 있습니다. 그 또한 괜찮습니다. 어떤 상담자가 될지는 계속 만들어 나가는 것이니까요. 그러니 자유롭게, 내가 생각하는 심리상담이 무엇인지 채워 봅시다.

📝 내가 생각하는 심리상담이란?

_____

_____

_____

_____

_____

_____

_____

어디서, 누구를, 어떻게 상담하고 싶나요

이제 우리는 본격적으로 로드맵을 짜 보는 첫 단계를 거쳐 보려고 합니다. 앞서 말했듯 상담은 굉장히 광범위하고 그중에서 어떤 것을 하게 될지는 나의 선택에 달려 있습니다. 상담자로서 어떤 모습을 보일지(상담자의 정체성)는 만들어 가는 것이기 때문이죠.

다음의 도식들이 모든 과정을 포함하고 있지는 않습니다. 큰 갈래 길을 보여 줄 뿐 고정된 '정답'도 아니니 고민하시는 데에 참고가 되면 좋겠습니다.

나는 '누구'를 상담하고 싶은가요?

첫 번째로 고민해야 하는 건 나는 '누구'를 상담하고 싶은지입니다. 여기에서 나오는 답에 따라 준비해야 하는 대학원이 달라지게 됩니다. 편의에 따라서 두 가지 정도의 기준(연령과 주요 이슈)으로 나누어서 고민을 해 봅시다.

사실 상담을 계속 하다 보면, 일하는 곳에 따라서 다양한 사람을 모두 만나게 될 수도 있습니다. 특히 개업 상담자는 어떤 내담자가 올지 모르기 때문에, 많은 것을 알아야 하기는 합니다. 하지만 처음 공부를 시작할 때부터 모두를 다 만나겠다는 것은 이도 저도 안 될 수 있습니다. 이 일을 하기로 마음을 먹었다면 어차피 공부는 평생 해야 하니까 무엇을 먼저 공부할지를 결정한다고 생각하면 됩니다.

'누구'에 대한 고민이 쉽게 풀리지 않는다면 망설이지 말고 다음으로 넘어가서 다른 질문들을 봅시다. 책을 이리저리 넘기면서 이 도식들 안에서 빙글빙글 고민하시다 보면 '나의 길'을 선택하는 것에 있어서 선택지를 확 줄일 수 있게 될 겁니다.

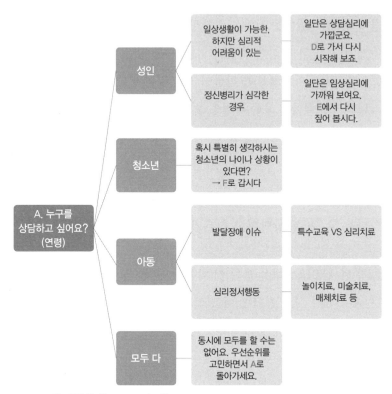

* D, E, F와 관련해서는 pp. 37-45 참조.

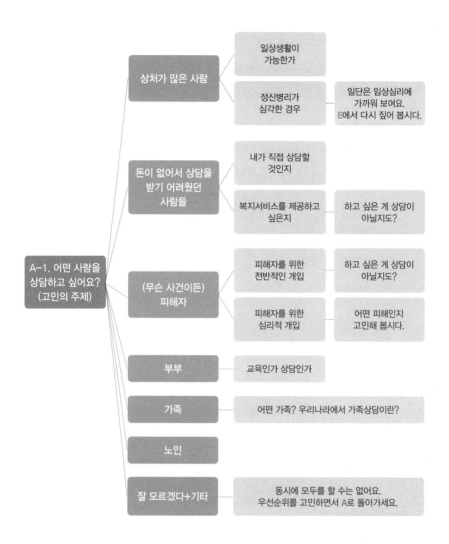

어디에서

다음의 고민방식은 '어디에서'입니다. 심리상담을 할 수 있는 자리는 생각보다 정말 많습니다. 학교(초/중/고), 소방, 경찰, 군, 교정시설과 같은 공적 조직, 회사의 사내 상담, 사설 상담센터, 사회복지

기관, 병원 등 무척 다양합니다. 이 책은 개업 상담자를 중심으로 하고 있지만, 이 길의 초입에 들어선 여러분은 아직 꿈이 많고 갈피를 잡기 어려운 혼란기 속에 있으실 테니 간단하게 정리해 보겠습니다.

몇 가지 전공하는 루트가 완전히 달라지는 선택지들이 있습니다. 대표적으로는 '상담교사'입니다. 상담교사가 되려면, 교직이수를 하고 임용을 보아야 합니다. 공무직으로 준비할 경우에 다른 진로 루트와 다르게 NCS(국가직무능력표준, National Competency Standards)를 준비해야 합니다. 나는 반드시 병원에서 일해야 한다는 소신을 갖고 있다면 개인병원인지, 종합병원인지 맡고 싶은 역할이 무엇인지도 생각해 보아야 합니다. 병원에서 어떤 식으로 일하고 싶은지에

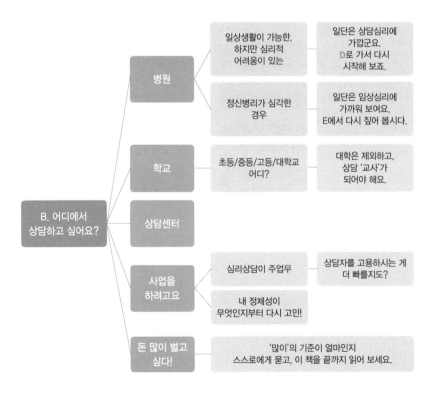

01 상담심리사가 되어 보자

대해서도 고민이 필요합니다.

'상담'이라는 무기를 가지고 강의, 교육, 유튜버, 혹은 원래의 나의 직업을 유지하고 싶으시다면 내 정체성부터 확실히 하시는 게 필요합니다. 이러한 경우에 나는 '상담'을 내 스킬 중 하나로 갖고 싶은 것이지 '상담자'가 되고 싶은 것은 아닐 수 있거든요.

슬프지만, 돈을 많이 벌 수 있는 곳이라면 '많이'의 기준을 세워 보셔야 합니다. 앞서 말씀드린 것처럼 심리상담 업은 셀프 보수교육이 꾸준히 필요합니다. 투자비용이 꽤 높죠.

상담업계의 경우 경력이 쌓이다 보면, 자연스럽게 향상되는 구조가 아니고, 나만 열심히 하면 언젠가는 사회적 성공을 이루겠지라는 희망을 품기에는 변수가 많습니다. 예를 들어, 대학원 석사과정을 졸업하고 나서 월 300만 원 이상은 안정적으로 벌기를 희망한다면

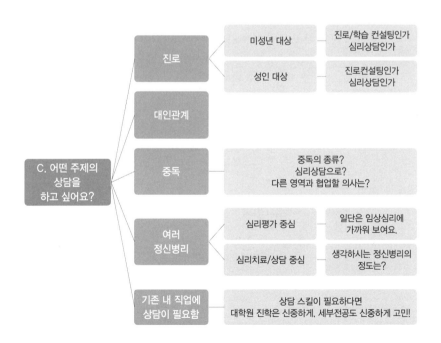

진지하게 다시 한번 진로를 고민하는 것을 권합니다.

이번에는 방향을 살짝 틀어서 '상담주제'를 생각해 보겠습니다.

상담을 하다 보면 다양한 주제를 접하게 될 수 있습니다. 그래도 내가 유독 관심 있는 주제나 대상이 있다면, 대학원을 진학할 때 그 부분을 고려해 볼 수 있습니다. 생각보다 많은 분이 헷갈려 하시는 부분은 '교육'과 '심리상담'의 경계입니다.

교육 VS 심리상담

이 둘의 사이는 무 자르듯 댕강 자를 수가 없습니다. 실제로 상담을 하시려고 관심을 두는 분 중에 교육 현장에 있던 분들을 굉장히 자주 볼 수 있습니다. 둘은 사람을 위하고 성장시킨다는 점에서는 같지만 전혀 다른 부분이 있습니다.

부모교육과 부모상담의 예를 들어 보겠습니다.

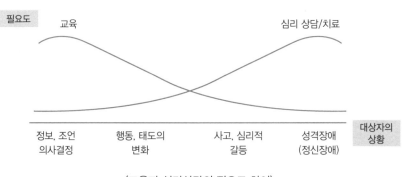

〈교육과 심리상담의 필요도 차이〉

아동상담이나 청소년상담을 하다 보면 부모상담이 필수입니다. 이때 부모님의 심리정서적 어려움에 따라 상담자는 아이들을 위한 부모교육적인 접근을 할 수도 있고, 짧은 시간이지만 상담/심리치료적 개입이 필요할 때도 있습니다. 비교적 건강한(스스로 잘 결정할 수 있고, 일상생활에 큰 어려움이 없으며 약간 고민을 하고 있는 상태)에서는 책을 읽거나, 누군가의 조언을 듣거나 약간의 대화, 코칭만으로도 스스로 방향을 결정할 수 있습니다. 상담에서는 이런 것들을 내담자의 '자원'이라고 표현합니다. 대체적으로 상담 장면에서 만나는 분들은 자원이 없다기보다는 자원이 무척 약해진 상태이기 때문에 이것을 키워주는 것이 첫 번째입니다. 여기에서 교육과 심리상담의 미묘한 차이가 발생합니다.

심리상담은 기본적으로 '기다리는' 특성이 강합니다. 상대가 스스로 알 때까지 약간 도움을 주고 조력할 뿐 답을 직접적으로 제공하지는 않습니다(물론 너무 너무 너무 모르는 내담자의 경우에는 가끔 조언을 해 주는 것도 상담 기술이지만 이것이 보편적이지는 않고 이럴 땐 심리교육이라고 칭합니다).

그러니까 다시 말해서, 내가 좀 더 직접적으로 알려 주고 가르쳐주고 이끌어 주는 것에 관심이 있다면 여러분은 심리상담을 하는 것보다는 교육, 코칭, 컨설팅 이쪽이 훨씬 적성에 맞다는 뜻입니다. 그 또한 사람을 돕고 성장시키는 일이에요. 반드시 '심리상담'을 해야하는 것은 아닙니다. 오히려 필요할 때에는 심리상담을 권할 수 있는, '심리상담에 친화적인' 역할을 하며 함께 일하는 것도 방법입니다. 바로 이 부분이 한 사람이 나아지고 행복하게 사회에서 살아가게하기 위해서는 상담자 혼자서만 고군분투한다고 되는 게 아니라는 뜻도 됩니다.

　조금 더 기울어진 예를 들면 이해가 더 쉽습니다.

　개별형 교육이 필요한 아이들을 만나는 특수교육 분야는 '교육'입니다. 아이들의 특성에 맞추어서 하나하나 해 나갈 수 있도록 가르쳐 줍니다. 동일한 아이들을 만나더라도 '심리치료영역'에서는 아이가 발음이 안 된다고 해서, 자조 기술이 조금 떨어진다고 해서 이것을 즉각적으로 수정해 주진 않습니다. 우리는 마음을 만나는 일을 하려고 만났고 각자의 역할이 있습니다. 특수교사도 아이를 만나는 상담자도 모두 아이를 아끼고 사랑하며 성장을 기원합니다. 특수교사가 아이의 바로 옆에서 함께 걸어가 주는 사람이라면, 상담자는 한 발 뒤에서 아이가 걸어갈 수 있도록 아이의 길 앞에 불빛을 비춰 주는 사람입니다(옆에 있는 선생님도 함께 편안히 걸어가실 수 있도록).

그럼 이제 본격적으로 상담자가 되어 봅시다

　앞의 도식들에 따라서 충분히 고민했다면 우리는,

D. 상담심리

E. 임상심리

F. 청소년상담

그리고 [사실, 상담을 하고 싶었던 게 아니었군요!]

이 중 어딘가로 와 있을 겁니다.

　100명의 상담자에게는 100가지의 길이 있습니다. 대체적으로 그 첫 단추는 대학원 진학이고, 대학원 진학부터 최대한 덜 돌아갈 수 있도록 하는 것이 중요합니다. 이제부터 하나씩 살펴보도록 하겠습니다.

가장 먼저, [사실, 상담을 하고 싶었던 게 아니었군요!]에 머무르게 되셨나요?

아니, 내가 상담을 하고 싶은 줄 알았는데 이게 무슨 소리인가…… 지금 심정이 어떠하실지 궁금하네요. 하지만 이 결론에 도달했다면 정말 '처음'부터 생각해 보아야 합니다. 그리고 그 결과에 따라 여러분은 지금 대학등록금+수련비+끝도 없는 경제적 투자와 시간을 세이브하셨습니다. 축하드려요.

여러분이 빠지신 함정은 '누군가를 돕는 일'과 '전문적인 일'이었을 겁니다. 세상에 누군가를 도와줄 수 있는 조력자의 일은 굉장히 광범위합니다.

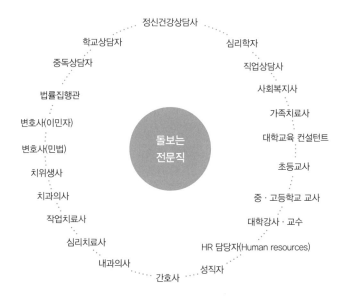

출처: Thomas M. Skovnolt(2016). *The Resilient Practitioner: Therapists, Teachers, and Health Professionals*.

우리나라에는 『건강한 상담자만이 남을 도울 수 있다』라는 제목으로 번역된 책에 소개된 내용입니다. 원제목은 'The Resilient Practitioner: Therapists, Teachers, and Health Professionals'로 모든 돌봄 직군을 대상으로 하고 있지요.

누군가를 돌보는 직군은 다른 일에 비해서 독특한 소진(burn out)을 경험합니다. 아이러니하지만 이러한 돌봄 직군에 종사하고 있는 사람들은 타인을 돌보고자 하는 욕구가 높아서 또 다른 돌봄 직군으로 전직을 하게 되기도 합니다. 아마 여러분 중에 꽤 많은 분이 내가 원래 하던 일에 지치고, 한계를 마주하고 염증을 느끼면서 새로운 것에 도전하시려는 것일지도 모릅니다.

이때의 내 마음을 정확히 알지 못하면 같은 일이 반복될 수도 있습니다. 우리가 뻔히 알면서도 같은 패턴의 연애를, 그리고 인간관계를 하는 것처럼 말이죠. 어쩌면 지금은 진로 변경 이전에 내 마음을 잘 들여다보고 추스러야 하는 순간일지도 모릅니다. 어느 정도 소진을 이해하고 회복이 이루어졌고, 나의 마음이 명확해졌다면, 그때에는 [사실, 상담을 하고 싶었던 게 아니었군요!]의 선택지를 고르시지 않았을 겁니다. 지금의 일이나 다른 직업이 더 마음에 드실지도 모릅니다.

실제로 이 주제로 수천 명의 사람과 이야기를 나누어 본 저는 정말 수많은 방향(하던 일 유지, 창작활동, 작가, 방송, 코칭, 유학, 결혼, 상담을 받고 싶은 것뿐이었다 등)으로 진로가 확장되는 것을 목격하였거든요.

혹시 혼자서 명확해지기가 어려우신가요?

그럴 때 받는 것이 전문가와 함께하는 심리상담입니다.

조금 더 고민하고 이런 고민으로 심리상담에 투자하는 것은 망설여지신다구요?
이 일을 하고 싶은 나부터도 안 하고 싶은 걸, 누가 받으러 오겠어요.

D. 상담심리

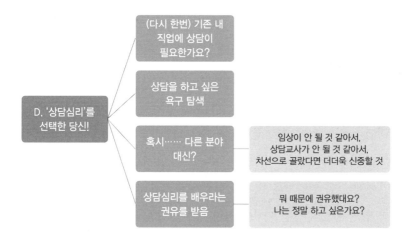

돌다리도 두들겨 보고 건너라고 했습니다. [상담심리]라는 새로운 출발점에 오신 것을 환영합니다. 마지막으로 점검해 보겠습니다. 혹시 여러분 이전에 하시던 일이 있진 않나요?

상담은 인간과 인간이 만나 대화를 하는 일이기 때문에 상담을 공부한다는 건 인생에 뭐가 되었든 도움이 되는 것은 사실입니다. 그런데 그게 원래 내가 하던 일을 더 잘하기 위함인 경우도 있습니다. 이럴 때에는 꼭 대학원 진학을 해야 하는가는 한 번만 더 생각해 봅시다. 요즘은 원데이 클래스, 독서모임, 크루, 스터디그룹, 유튜브 등 공부할 수 있는, 즉 '직장인으로서 내가 역량강화'를 할 수 있는 방법은 많습니다. 전문가에게 '자문'을 구하는 것도 방법이 되기도 합니다.

네, 알겠습니다.
정말로 상담을 하고 싶은 마음이시라는 것이죠.

그러면, 이제 더 깊이, 자세하게 살펴보아야 하는 것은 '상담을 하고 싶은 나의 욕구'입니다. 지금까지도 찾았는데 무엇을 더 찾으라는 것인지 당황스러우실 수 있습니다. 하지만 이것은 실제로 굉장히 중요합니다. 당장 즉각적으로는 대학원 입시를 위한 자기소개서를 쓰기 위해서도 어느 정도 정리가 되어 있어야 하고, 실제로 상담일을 할 때에는 더욱 확실히 알고 있어야 합니다. 어떤 욕구를 갖고 있든 괜찮습니다. 다만, 그 욕구를 우리가 '조절'할 수 있어야 합니다. 누군가에게 선한 영향력을 미치고 싶은 욕구가 조절되지 못하고 내 욕구가 훨씬 중요해지는 '가스라이팅'으로 나아갑니다. "내가 너한테 좋은 마음으로 해 주었는데 왜 못 받아들여?" 이 말이 가진 폭력성은 충분히 느껴지실 거예요. 유사하게는 '구원자 환상'이라고 표현하기도 합니다.

상담에서는 내담자를 진정으로 존중하는 마음이 중요합니다. 누군가를 존중하려면, 나의 마음 역시 존중받아야 합니다. 정말 솔직하게 적어 봅시다.

여러분은 상담을 왜 하고 싶으세요?

잠시 여기에서 한 가지, 만약 여러분이 임상심리는 늦은 것 같고, 상담교사 임용은 어렵고 그래서 '차선으로' 상담심리를 선택하셨다면 이 또한 확실하게 알고 있어야 합니다. 이 차선의 결정을 내린 것이 '나 자신'이라는 것을요. 그리고 간혹 '주변에서 하라고 했다'라고 말씀하시는 분들을 만납니다. 그러다 보니 왠지 나도 괜찮을 것 같았다는 생각을 하기도 합니다. 타인의 평가는 무척 중요한 요소이지만 나의 진로 결정이 외부의 의견에서 왔다면 한 번 더 다시 생각해 봅시다. 주변에서 다 말린다면, 그럼 나는 이 선택을 철회하게 될까요?

나의 결정, 나의 선택, 내 인생의 책임은 내가 지게 됩니다.

이 자리에서 책을 덮고 '난 상담자의 길을 가지 않겠어!'라고 하신다면, 앞서 말씀드린 것처럼 여러분은 지금 대학등록금+수련비+끝도 없는 경제적 투자와 시간을 세이브하셨습니다. 축하합니다!

E. 임상심리

우리는 상담심리에 초점을 두고 있는 책이니까 임상심리는 아주

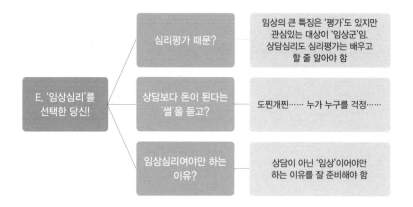

얄팍하게만 이야기하고 넘어가도록 하겠습니다. 어라, 난 상담을 하고 싶은 줄 알았는데 왜 이 선택지에 와 있는 걸까……. 글쎄요? 임상심리와 상담심리는 정말 비슷하면서도 조금 다릅니다. 이 두 차이를 짚어 보면서, 내 마음을 다시 한번 보도록 합시다.

상담심리 VS 임상심리

두 세부 전공은 정말 비슷해 보이고 일하는 장면에 따라 더 경계가 모호해지기도 합니다. 그렇지만, 2년 이상의 대학원 석사과정 동안 중점을 두고 배우는 것이 다르고 각자의 전공에서 수련시기를 지나고 나면 훨씬 더 다른 색을 띠게 됩니다. 실제로도 현장에서는 상담 베이스의 전문가와 임상 베이스의 전문가의 온도 차이를 확연히 느낄 수 있습니다. 이건 마치 똑같은 선생님이지만 초등학교 선생님과 고등학교 선생님이 다른 것, 같은 의사지만 정형외과 의사와 피부과 의사가 다른 것, 같은 경찰이지만 사이버 범죄를 다루는 것과 현장으로 출동하는 것이 다른 것들과 유사합니다. 상담심리를 전공

해도 심리평가를 수행하고, 임상심리를 전공해도 상담을 수련합니다. 둘의 차이는 '주되게 만나는/관심 있는' 대상입니다.

상담심리에서 주로 만나는 사람들은 [임상군]이 아닌 경우입니다. 만성적인 경우나 [임상군]으로 가기 전의 사람들을 만나기도 하고, 정신건강의학과의 약물치료와 상담을 병행하는 경우도 있지만 대체적으로 사회생활을 (어떻게 해서든) 하고 있는 경우가 대부분입니다.

임상심리에서 주로 만나는 사람들에게는 [임상군]이라는 표현을 씁니다. 일상생활에 적응하는 것이 쉽지 않을 만큼 정신병리를 앓고 있는 경우라고 이해할 수 있습니다. 입원을 하는 경우도 있고, 이 경우에는 다시 적응적인 사회생활을 하는 것 자체가 목표가 될 수 있습니다. 물론 임상심리학자도 개업 상담자가 될 수 있고, 현장에서 많이 함께 일하기도 하지만 구분하는 것에는 이유가 있습니다.

상담
좀 더 보편의 사람들.
내담자를 이해하는 도구로 넓은 평가를 사용하는 경향이 더 큼

임상
임상군이 대상.
정신병리에 좀 더 초점.
평가, 진단의 역할이 큼

둘은 상대적으로 비중이 다를 뿐이고, 각각의 특화된 전문성이 있지 우열은 없습니다. 덧붙여 둘 사이를 넘나들 수 없는 게 아니에요. 임상도 상담하고, 상담도 검사해요.

임상과 상담은 수련 형태가 다릅니다. 2023년 한국을 기준으로 했을 때 임상심리는 보통 지정된 수련기관이나 병원에서 '수련과정'을 거

칩니다. 환자가 왔을 때 평가를 하고 의사가 최종 진단을 내리는 데 심리학적 관점에서의 자료를 제공합니다. 상담심리는 굉장히 다양한 수련처가 있고 수련기관에 따라 만나는 내담자들도 다양하게 분포합니다. 이 과정에서 둘의 수련 경험은 굉장히 달라지게 됩니다. '최소한의 수련'을 마친 두 전공의 전문가들은 이제 각자 자신이 좀 더 관심 있는 분야를 향해 다음 스텝을 밟아 나가게 됩니다. 임상수련을 했지만 평가보다 상담을 하는 것에 더 흥미가 커서 상담에 대해 더 깊이 공부하게 되기도 하고, 상담수련을 했지만 심리평가의 효용성에 흥미가 커서 심리평가를 더 깊이 공부를 하기도 합니다. 혹은 둘 다 하지 않고 제3의 길을 가기도 합니다. 이들의 정체성은 분명 다릅니다.

어떤 임상전공 교수님께서는 제자들에게 이런 질문을 하신다고 해요. "너에게 연구비 제한이 없고 뭐든 할 수 있다면 어떤 연구를 하고 싶으냐?" 이 질문에 대한 답으로 세부 전공 결정에 무게를 둘 수 있다고 합니다. 임상은 좀 더 무거운 정신병리에, 상담은 적응이나 광범위한 병리에 관심을 둡니다.

왠지 임상이 더 멋져 보이거나 어려워 보여서, 혹은 돈을 잘 버는 것 같아서 등의 이유라면 입시 첫 단추에서부터 오류가 발생할 수 있습니다. 어떤 전공을 선택하시든 공부를 하려는 '나만의 이유'가 필요합니다. 그래야 연구 계획서와 자기소개서가 돋보입니다. 경제적 이득은, 솔직히 심리학을 하면 다 거기서 거기입니다.

F. 청소년상담

어라? 나는 왜 청소년상담에 와 있는 것이죠?

여러분은 아마 관심 있는 대상이 '청소년'으로 명확하신 모양입니다. 이때 한번 더 점검하시면 좋은 것은 '학교'에서 일하기를 원하는가, 아니면 그것과는 상관이 없는가입니다. 만약 여러분이 원하는 것이 학교 장면이라면 다시 한번 '상담교사'에 대해서 생각해 보셔야겠지요? 상담교사가 되려면 교직이 필요하고, 진학 루트가 달라지는데 이 책에서는 더 다루진 않겠습니다.

다시 돌아가서 '청소년상담'을 선택하셨다면, 대학원을 진학할 때 '상담심리'를 전공할 것인가, '청소년상담' '아동학' '아동청소년상담' '발달심리' 등을 전공할 것인가에 대한 고민을 해 보셔야 합니다. 청소년상담과 성인상담은 생각보다 차이가 큽니다. 우리나라에서는 법마다 청소년을 다르게 봅니다. 「청소년 기본법」에서는 청소년을 만 9~24세로 정의하고 있고, 「청소년 보호법」에서는 만 19세, 「아동복지법」에서는 만 18세, 「형법」에서는 만 14세 미만, 「민법」의 미

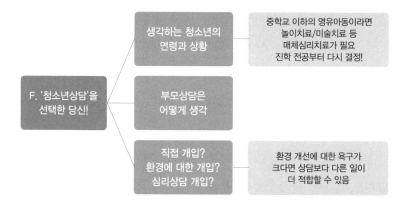

성년자는 만 19세 미만으로 보고 있습니다.

여러분이 만나고 싶은 청소년의 연령이 점점 더 어려지고 있다면 '아동'에 가까울 수도 있고, 이럴 때에 '상담심리'를 전공하는 것은 굉장히 돌아가는 길입니다. 대학원의 '상담심리' 커리큘럼은 대체적으로 성인을 대상으로 맞추어져 있거든요. 추가로 더 공부해야 한다는 뜻입니다. 아동을 대상으로 하고 싶으면 어떻게 해야 하는지에 대해서는 이 책에서 다루려는 주제가 아니기 때문에 상세하게 설명하기는 복잡하지만, 아주 간략히 아동의 마음을 다룬다는 전제하에 놀이치료, 미술치료 등의 영역을 선택하게 됩니다. 그러다 보니 아동학(상담/치료 관련 커리큘럼이 있거나 교수님이 계신 곳), 발달심리학, 아동심리치료, 놀이치료, 미술치료 등의 세부 전공을 선택하여 진학을 준비해야 합니다. 이 부분에 관심이 있으시다면 해당 키워드들(아동상담, 아동심리치료, 놀이치료, 미술치료 등)로 정보탐색을 해 보세요.

하나 더 강조하고 싶은 것은 청소년상담을 꿈꾸시는 많은 분들이 놓치시는 부분이 '부모상담'의 영역입니다. 앞에 적힌 다양한 청소년의 연령을 보면 결국 '보호자'가 있습니다. 법적으로 보호자가 있는 상황이기 때문에 제한되는 영역도 개입해야 하는 것도 더욱 늘어나게 됩니다. 보호자까지 만나는 것이(만나지 못하더라도 이해해야 하는 것이) 일이 됩니다. 청소년을 둘러싼 가장 대표적인 환경이니까요. 그래서 내가 청소년을 만나고 싶은 건지, 이 아이들의 환경을 직접적으로 개선해 주고 싶은지에 따라 여러분의 고민은 새로운 국면으로 들어가게 될 수 있습니다.

누군가를 위한 환경을 구축하는 일에는 개개인을 직접 대면하는 방식도 있지만, 사회운동, 법과 정책의 마련, 관심 있는 대상을 향한 지속적인 후원 등 다양한 방법이 있습니다. 진로 결정에서는 결국에 내가 '싫고, 지루할 때'도 할 수 있는 길로 선택하는 것이 좋습니다. 나의 욕구를 정확하게 알고 있을수록 진로 결정에 대한 자신감 있는 결정을 내릴 수 있고 이후에 혼란감도 적게 경험할 수 있습니다.

So, Next Step

어지럽고 숨 가쁘게 달려왔습니다. 각자가 가진 배경도 마음의 준비도 모두 다 다를 수밖에 없습니다. 이 책에서는 모든 영역을 다룰 수 없어서 오히려 복잡해지셨을 수도 있습니다. 하나하나 정보를 수집한 뒤에 지워 가는 것은 굉장히 결정을 어렵게 만듭니다. 여전히 너무 복잡하게 느껴지고 주변에서 해 주었던 조언들이 맴돌고 있다면, 다시 백지로 돌아가서 핵심 질문을 몇 가지만 스스로에게 해 봅시다. 때로는 첫 마음에 해답의 힌트가 있답니다.

- 상담을 하고 싶었던 마음 깊은 곳에 있던 이유는?
- 상담자를 직업으로 삼는다면 어떤 사람을? 어디에서? 어떤 방식으로 상담을 할 것인가?
- 현재의 진로 결정이 온전히 '나'의 결정인가?

가장 어려운 것이 내 방향성을 정하는 일입니다. 방향성을 정한 뒤에는 오히려 간단합니다.

그리고 이제부터는 제법 현실적인 이야기를 해 보려고 합니다. 현실은 더더욱 가혹할 수 있지만, 충분히 알고 있어야 대비도 할 수 있습니다. 상담을 하려면, 대부분 대학원 석사학위 이상을 가지고 시작하게 됩니다. 그 이유는 심리학이라는 학문이 워낙 방대한 학문이고, 인간에 대한 공부는 끝이 없기 때문이지요.

(또 변할 수도 있겠지만) 일단 나의 방향을 결정했다면, 이제 대학원 입시를 준비하는 현실을 마주합니다.

대입 전
커리어넷/워크넷

1차 단기 목표–심리학과 진학
그러려면 공부를 하셔야겠지요! 심리학 말고 입시를요.
영어 공부는 꼭!
갈 수 없다면!: 복수 전공 제도 확인, 유사전공으로 가는 방법

비전공
커리어넷/워크넷
그리고 전공자

이 일 왜 하고 싶죠?
고민해 볼 시간
오피셜한 정보 수집하기(중요)
무조건 심리학개론부터

학부 전공
주변 인맥
그 분야 실무자
교수님

정말 전공 살리고 싶나요? 왜요? 고민해 봐요.
교수님, 선배, 후배, 동기 모두 동원하세요.
결심이 섰다면, 학교 전형에 맞춰서 입시 정보 알기
영어, 통계, 전공지식 등

석사 시작
동기와 선배
그 분야 실무자
교수님

나만의 로드맵 준비, 고민 & 실행
내가 하고 싶은 것과 필요한 자격증, 학회 확인
내 마음 잘 들여다보기. 멈춰도 쉬어도 괜찮아.

〈연령별/단계별 집중해야 할 포인트〉

이 책을 보고 있는 여러분이 아직 대학교에 가기 전이라면 우선은 '대학교'부터 가야 '대학원'을 진학할 수 있습니다. 우선, 목표는 심리학과로 진학해서 대학교 4년 동안 전반적인 심리학을 맛볼 수 있는 기회를 잡아 보세요. 더 많은 고민은 배운 뒤에 해도 늦지 않습니다. 사이버대학교나 학점은행제 등 다양한 학위취득의 방법도 선택할 수 있긴 합니다. 가능하다면 많은 사람과 직접 부딪히고 배울 수 있는 환경을 권장합니다. 사람에 대한 모든 경험은 나의 '자원'이 되어 줄 테니까요.

여러분이 심리학을 만나 제2의 진로를 설정해 보시려는 분들이라면, 진지하게 내가 어쩌다가 심리학에 관심을 갖게 되었는지에 대해서 돌아보셔야 합니다. 그리고 가장 학술적인 전공서 『심리학개론』을 완독해 보세요. 부분을 읽는 것이 아니라 전체를 '완독'하는 것이 핵심입니다. 그 뒤에 이 학문으로 먹고 살기 위해 공부를 지속할 수 있는지 스스로에게 질문해 보셔도 좋습니다. 심리학은 방대하고 문·이과 통합학문이기 때문에 부분만 재미있게 느껴질 수 있고, 흥미의 편차가 크다면 고통도 커집니다.

전공자이거나 현재 실무자인 분들은 지금까지 해 오신 것들이 어떤 선택을 하게 되더라도 헛된 과정이 아니니, 주변의 동료, 선후배, 교수님, 지인들 그리고 누구보다 나 자신과 대화를 충분히 해 보시길 바랍니다. 그러면 이제 우리는 대학원 입시를 준비하는 가장 첫 단계, 대학원의 구분부터 알아보겠습니다.

각각 대학원은 목적이 있습니다.

상담교사가 될 것이 아니라면 교육대학원은 과감히 지우셔도 됩니다. 교육대학원은 교사가 될 사람 혹은 이미 교사인 사람들의 역량을 강화하기 위한 목적이 가장 크거든요.

일반대학원은 연구(논문)를 하도록 되어 있습니다. 특수대학원/전문대학원의 본 목적은 실무를 하고 있는 사람들이 더욱 잘할 수 있도록 하는 것에 있습니다. 그래서 비논문트랙이 있기도 합니다. 심리상담은 이론과 실무, 상담자의 자기 이해 3박자가 모두 필요합니다. 그러니 어디를 가더라도 순서의 차이일 뿐 결국엔 모든 것을 해야 합니다. '연구 중심'의 일반대학원을 고른다면 실습과정을 통해 실무를 익혀야 하고 '실무 중심'이라서 특수/전문대학원을 선택한다면, 이론을 더 탄탄히 쌓기 위해 노력해야 합니다.

대학원은 3월(전기)과 9월(후기) 두 번의 입시철이 있습니다. 전기는 보통 전년도 가을쯤, 후기는 봄쯤에 신입생을 모집합니다. 대체적으로 후기에는 사람을 적게 뽑거나 뽑지 않기도 합니다. 일반대학원 같은 경우에는 '지도교수'의 존재가 무척 중요합니다. 미래의 내가 소속될 곳이거든요. 특수대학원 · 교육대학원은 보편적으로 한 명의 교수가 많은 학생을 담당하고 있습니다. 전공과 학교를 정했다면, 학업계획서나 영어성적, 기타 학교 입시에서 필수적으로 요구하는 요건들을 준비하시면 됩니다.

tip 💡

이 전공에 관심이 있게 되었고 지원을 하게 된 '나만의 스토리'가 반드시 필요합니다.
학업계획서를 작성하기 위해서 해당 분야, 해당 학교의 논문을 보는 것이 중요합니다.

Step 2 ▶ 대학원에 다니게 되었다면, 학기 중에 어떤 계획을 세울지 고민

치열한 경쟁을 뚫고 석사과정생이 되셨다면, 학교를 다니면서 내가 무엇을 할지 고민이 본격적으로 시작됩니다. 이론을 배우는 것만 해도 바쁠 수 있고, 수련을 병행하는 동기가 있을 수 있고, 교육을 굉장히 많이 들으러 다니는 사람, 인생과업(연애, 결혼, 출산 등)을 함께 고민해야 할 수도 있습니다. 정해진 정답은 없습니다. 마찬가지로 나만의 목표, 나만의 계획을 다져 나가시길 바랍니다. 수련을 한다면, 어떤 학회에 소속되어 할지 알아보고 졸업 전에 한 번쯤 살펴보아야 합니다. 이유는 '이수해야 할 과목'이 학회마다 다르기 때문입니다. 이 부분은 변수가 너무나 많아 이 정도로 마무리해 보겠습니다.

Step 3 ▶ 졸업논문(학위논문)은 가급적 쓰시기를 추천합니다.

심리상담은 생각보다 과학적인 작업입니다. 상담 사례 하나를 마주하게 되면 어떻게 된 것일까 가설을 세우고, 그 과정을 함께 확인하면서 좋은 결과를 만들기 위해 반복합니다(사례개념화라고 합니다). 가설을 세우고, 확인하고, 결과를 보고, 또 가설을 세우고, 확인하고, 결과를 보고, 결국 '연구'하는 것과 비슷합니다. 이런 시각을 갖추고 사고하는 과정은 논문을 쓰면서 굉장히 많은 연습이 될 수

있습니다. 논문을 쓰는 과정에서 가장 많은 논문을 읽고 이론 공부를 하게 되기도 하구요.

최근에는 관련전공 석사과정에서 논문 쓰기가 없는 곳도 많고, 그런 곳을 찾는 분들도 많지만 저는 가급적 쓰는 것을 권장합니다. 현실적으로, 추후에 학회 전문가 자격증을 취득하기 위한 필요요건이 되기도 합니다.

Step 4 ▶ 실무를 잘하기 위한 '수련'을 어떻게 할 것인지에 대한 고민

또 정답이 없는 난관이 시작됩니다. 2023년 현재 한국에서는 상담에 대한 획일화된 수련 시스템이 없기 때문에 정말 다양한 형태로 전문성을 쌓아 나가게 됩니다. (이렇게 혼란스럽기 때문에 제가 이 글을 쓰고 있기도 하겠지만요.) 수련은 대학원을 다니면서도 시작할 수 있고, 마치고 나서 시작할 수도 있습니다. '성인상담'을 기준으로 한국에서는 대부분 '한국상담심리학회'나 '한국상담학회'의 수련 코스를 밟게 됩니다. 대부분 채용 시장에서 이 양 학회 자격증 중 하나 이상을 취득한 사람을 뽑습니다.

그렇게 여러분이 대학원을 무사히 졸업하게 된다면,

짜잔~ 사실, 이건 시작에 불과하답니다. 이제야 스타트 라인에 선 것을 축하드려요!

어떤 상담자가 될지는 이제부터가 진짜 시작
(feat. 현실)

안타깝게도 '최적의 효율'을 자랑하는 수련방식은 없는 것 같습니다. 상담 장면에서 내담자가 가진 자원이 모두 다르듯 우리가 가진 자원도 모두 다릅니다. 자원이 다르다는 것이 무슨 뜻이냐고요? 이 책을 보고 있는 모든 사람들은 제각각 이론에 대한 배경지식, 가지고 있는 돈, 시간, 체력, 여유 모든 것이 다릅니다. 입시를 시작할 때와 마찬가지로, '내 선택'이 중요해지는 시기입니다. 비교를 통한 선택을 내리는 상황은 사람들을 불안하게 합니다. 불안은 때로는 열등감이 되기도 하고, 동기부여로 이어지는 '힘'이 되기도 하지만, 그 어떤 것도 결정하기 어렵게 하기도 합니다. 다른 사람들과 비교하시기보다는

'내 고민, 내 결정과 선택들'에 집중해 보세요(마음챙김을 해 보세요. 마음챙김이란, 나에게 느껴지는 감각, 생각, 감정을 비판단적으로 관찰하는 것을 뜻합니다).

학회의 수련과정은 '한국상담심리학회' '한국상담학회' 홈페이지를 살펴보시면 확인하실 수 있습니다. 수련과정은 시간이 지남에 따라 개정되기도 하고 변동이 있기도 하니 우리 책에서는 자세히 다루지 않으려고 합니다.

2023년 기준, 두 학회의 차이점은 한국상담심리학회는 '개인상담'에 좀 더 초점을 두고 있고 '한국상담학회'는 집단상담의 비중이 높습니다. 학회 이름에서도 나타나듯 '한국상담심리학회'는 '한국심리학회' 산하의 학회로 심리학 베이스의 성격이 상대적으로 강하고, '한국상담학회'는 다양한 학문을 배경으로 '상담'이라는 것 자체에 초점을 두고 있습니다. 최근에는 양쪽을 모두 수련하는 수련생들이 늘어나고 있습니다. 스펙을 계속 쌓는다는 것, 이 시장이 꽤나 빡빡하다는 것을 보여 주는 것이죠.

상담자라는 직업은 '전문직'으로 분류됩니다. 우리 책에서 '상담자'라고도 칭하는 것은, 직업이자 학자이고 사람됨이 녹아 있기 때문입니다.

전문직이라는 것은 완성된 어떤 것이 아니라 꾸준히 전문성을 유지하기 위해 노력하는 모든 직군입니다. 그래서 상담자에게도 '발달단계'라는 것이 있습니다. 불행 중 다행으로 처음부터 잘할 필요는 없지만 계속해서 자신을 닦아야 한다는 뜻이지요.

다양한 학자가 상담자의 발달단계를 다음과 같이 분류하고 연구를 해 오고 있습니다.

제1수준의 상담자

인간행동에 대한 지적인 이해는 있지만 상담 경험은 없고, 의존적이며 불안으로 인하여 자신이 내담자에게 미치는 영향에 대한 통찰이 없다.

제2수준의 상담자

의존–자율 간의 갈등을 경험하고 자신의 동기와 행동에 대해 통찰하려고 노력한다. 이 수준의 상담자는 상담 기술이 습득되고 자신감이 증가하지만 상담에 대한 책임감으로 인해 부담감을 가지게 된다.

제3수준의 상담자

조건적인 의존을 많이 하며 상담자로서의 정체감과 전문가로서의 자신감을 갖게 된다. 또한 상담 기술을 맹목적으로 사용하지 않으며 융통성 있게 사용한다.

제4수준의 상담자

대선배 상담자로 자신의 가치, 개인적 특징, 능력에 대한 이해가 증가하게 된다.

〈Hogan(1964)의 상담자 발달단계〉

| 인습적 단계 | 전문적 훈련기로 이행 단계 | 대가 모방 단계 | 조건적인 자율 단계 | 탐구 단계 | 통합 단계 | 개별화 단계 | 통정 단계 |

〈Skovhol & Ronnestad(2003)의 상담자 발달단계〉

이러한 단계들이 있기 때문에 학회에서 요구하는 수련을 '최소 수련'이라고 이야기합니다. 만약 그걸로 충분할 것 같고 이후부터는 어느 정도 되었으니 돈도 잘 벌고 잘 풀릴 거라는 기대를 갖고 계시다면 그건 환상이라고 전해 드립니다. 보통 '최소 수련'을 마친 상담자는 제2수준의 상담자/대가 모방 단계 정도에 이르게 됩니다. 절반을 오지 못한 상황이지요.

그림을 통해서도 볼 수 있지만, 이후의 과정은 정말 나 홀로 스스로 걸어가야 하는 길입니다. 일반적인 직장과 다르게 우리에게는 '사수'도 없습니다. 비슷한 수퍼바이저(지도할 수 있는 선배상담자, 전문가)는 있습니다만 사수와는 확실히 다릅니다. 운 좋게 사수가 있다고 하더라도 하나하나 시시콜콜 물어볼 수가 없죠. 내 앞에 앉은 내담자가 좋아지는 것은 그 어떤 보람과도 맞바꿀 수 없지만 그 과정에서 매 순간 나의 능력의 한계를 정면으로 마주하게 됩니다. 정말 많은 초보 상담자는 무력감, 우울, 자괴감을 경험하고 그런 마음들을 마주하고 하나하나 성찰하면서 점점 숙련된 선배 상담자가 되어 갑니다.

그래서 상담자로 살아가기 위한 또 다른 축, '자기이해'가 필요해집니다. 나에 대해서 잘 알고 있을수록 상담을 하면서 느껴지는 복잡한 마음이 나의 불안인지, 내담자의 불안이 흘러넘쳐 나에게 전해져 온 것인지 구분할 수 있게 됩니다. 내가 충분히 도움을 주지 못할 때, 부드럽게 거절할 수 있는 것도 연습하게 됩니다. 왜 좋아졌는데 아니라고 말하는지 모순적인 내담자의 말을 이해할 수 있게 됩니다. 내가 보고 있던 세계보다 훨씬 넓고 확장된 세계가 있다는 것을 알게 됩니다. 심지어 나는 이해가 안 되었지만, 공감을 해 줄 수도 있게 됩니다.

상담이라는 것을 내 일로 삼은 직업인 상담자는 상담이 타인을 도와주는 일이라는 이미지로 인하여 많은 어려움에 처하게 됩니다. 어떤 어려움들을 현실에서 겪게 되는지 몇 가지로 정리를 해 보았으니, 여러분이 떠올리셨던 것과 몇 가지나 일치하는지 보시고, 여기에 없는 어려움을 발견하셨다면 그것 또한 고민해 볼 법한 이야기일 수 있습니다.

상담자로서의 현실적 고충

다시 한번, 강조해드리지만 누군가의 삶에 도움을 주는 일은 아름답습니다. 그 아름다움에 가려져서 현실적인 이야기들은 뒤로 물러서게 되는데 지금부터 현실의 고충을 나열해 보려고 합니다. 우리는 좌절보다 희망이 커야 그 과정을 지켜 낼 수 있습니다. 다음의 고충을 잘 살펴보시고 내가 이 좌절들을 감수할 수 있는지 스스로에게 물어보세요. 아 물론, 지금 당장 모든 것을 감당하지 않아도 좋습니다. 말했다시피, 상담자는 '발달해 가는' 존재이니까요.

'비밀보장'이 있어서 잘한 것도, 자랑할 것도, 어려운 것도, 힘든 것도 말하는 것이 쉽지 않다

일에 대한 고충을 털어놓는 것은 굉장한 스트레스 감소 효과를 가지고 옵니다. 상담자는 늘 '비밀보장'에 대해 지켜야 하는 부분을 갖고 있습니다. 따라서 일과 관련된 스몰토크가 상당히 어렵습니다. 동료와 이야기하는 것도 조심스러운 부분이 상당히 많습니다. 어려운 것을 말할 수도 없지만, 내가 잘 해낸 뿌듯한 상담에 대해서도 어딘가에 이야기하는 것이 쉽지 않으니 소위 외부에서 인정받을 수 있는 기회도 누리기가 어렵습니다. 나만의 만족과 성취감은 얼마든지 느낄 수 있겠지만요.

너무 어려운데 할 사람이 나밖에 없는 일이 자꾸 생긴다

초심 상담자든 숙련된 상담자든 어려운 사례는 계속해서 생깁니다. 몰라서 어렵고, 알아서 어렵고, 복잡해서 어렵고…… 내담자가 동의를 해 준다면 수퍼비전(숙련된 상담자에게 사례에 대해 지도받는 것)을 받아서 상담에 도움을 받을 수 있습니다. 더 적절한 상담자에게 리퍼하는 것도 방법이지만 사람과 사람의 만남인지라 리퍼에 대한 고려는 모든 상담자가 굉장히 신중하게 하는 편입니다. 예측할 수 없는 상황들이 꾸준하게 발생하고 모든 것을 물어보면서 할 수 없기 때문에 스스로 해결해야 하는 영역이 늘어납니다. 상담에서는 이를 '모호함을 견디는 힘'이라고 이야기하는데, 이 능력을 지속해서 키워 나가야 합니다.

사람의 마음은 변화를 원하면서 동시에 변화를 원하지 않는다

참 아이러니한 일입니다. 상담에서 달라지면 좋겠고 그것을 원해서 옵니다. 하지만 '변화'라는 것 자체가 스트레스이기 때문에 알아도 변하는 것에 저항이 생깁니다. 어떻게 그럴 수 있냐구요? 간단합니다. 우리는 좋은 습관이 무엇인지 모두 다 압니다. 규칙적으로 운동을 하고, 적당히 먹고, 잘 자고, 무리하면서 일을 하지 않고. 여러분 모두 다 지키고 계신가요?

알지만, 하지 못하는 일 투성입니다. 상담에서도 마찬가지예요. 분명 좋은 것을 알지만 쉽지 않은 그 마음이 스스로 움직여 줄 때까지 기다려야 합니다.

때로는 부정적인 감정의 분풀이 대상이 되기도 한다

전공 용어로 '전이'라고 합니다. 물론 때로는 '전이' 이전에 실제로 상담을 못해서 컴플레인이 생기기도 하는데, 내 마음을 내어 주었던 만큼 그 컴플레인은 꽤 감정적일 때가 있습니다(상담을 못하고 싶은 상담자는 없거든요). 내담자 입장에서는 믿고 말했더니 해결되지 않으면 좌절이 큰 것이 자연스러우니까요. 이럴 때는 상담에 대한 안내, 상담에 대한 기대부터 다시 단추를 꿰야 할 수도 있습니다. 이 경우가 아닌, '전이'일 때는 정말 상담자인 나 개인과는 상관없는데도 감정 폭격을 경험하기도 합니다. 상담자는 이것이 '전이'라는 것을 이해하고 있고, 이 과정이 상담에서 필요한 것은 너무 알지만 쉽지는 않습니다. 특히 초심 상담자일 때에는 구분이 어렵기도 하고, 좌절감도 무척 크게 느낄 수 있습니다. 나의 선의가 전해지지 못할 때 안타까움도 클 수 있고요.

예측할 수 없는 종결

조기 종결. Drop이라고도 합니다. 모든 상담이 변화를 이루고 아름다운 이별을 하면 좋겠지만 그렇지 않은 경우도 많습니다. 끝났다고 끝이 아니라 무엇이 이 결과를 만들어 냈을까 분석해야 합니다. 최대한 반복되지 않게 하려고요. 특히 개업 상담자의 경우에는 상담이 끝난다는 것은 생계와도 직결되기 때문에 더욱 큰 불안을 느끼게 될 수 있습니다.

간접 외상, 직접 외상, 위험에 노출되는 경우

너무 큰 사건을 겪은 일을 상담자가 듣게 되면 상담자도 대리외상을 경험하기도 합니다. 하지만 우리는 더 빨리 회복해야 합니다. 그래야 그 사례를 다시 마주할 수 있습니다(다음 시간에 오는 내담자도 맞이해야 합니다). 그리고 간혹 정말 '물리적인 위험'이 있을 수도 있습니다. 사람이 감정적이 되고, 공포에 질리면 예기치 못한 행동들을 하기도 하거든요. 나의 보호와 내담자의 보호가 모두 필요한 순간입니다. 특히나 개업 상담자의 경우에는 불특정 다수가 상담을 신청하기 때문에 자신이 할 수 있는 상담과 하기 어려운 상담을 잘 알고 첫 문의 단계에서 이것을 스크리닝(선별)하여 진행할 수 있어야 합니다.

법적인 것과 윤리적인 것의 갈등

최근에는 상담 경험에 대해 법원에 서류로 제출하는 경우가 꽤 흔합니다. 절대적인 영향까지는 아니더라도 내가 쓰는 서류가 이 사람, 이 사람을 둘러싼 환경에 영향을 주는 셈이지요. 피해를 입은 경우에 이를 입증하기 위한 경우도 있지만, 양형자료(법관이 합리적인 양형을 도출하는 데 참고할 수 있는 참고자료)로 활용하기 위해 요청하는 경우도 꽤 많이 있습니다. 모든 직업에는 직업윤리가 있고, 사람을 대하는 전문직업은 그 윤리의식이 보다 엄격하게 적용됩니다. 의사에게 히포크라테스 선서가, 간호사에게 나이팅게일 선서가, 법관에게 법관 선서가 있는 것처럼 상담자에게도 윤리규정이 있습니다. 상담사가 지켜야 하는 윤리 중에는 '내담자의 복지'가 기준이 되는 것들이 있습니다. 때로는 법적인 요소와 충돌하기도 하니, 어려운 순간이 많습니다.

소진(Burn out)

일이 많아도, 일이 적어도 내 뜻대로 되어도, 되지 않아도 사람을 만나는 과정에서 마음의 소모가 일어납니다. 상담에서 가장 큰 도구는 '상담자' 자체입니다. 영혼 없이 상담을 하게 되면 무엇보다 내담자가 가장 먼저 느끼게 됩니다. 내가 나를 돌보지 않으면 어느 순간 소진을 겪으면서 내담자를 보는 시선이 달라지고, 냉소적으로 변하거나, 피곤해지게 됩니다. 소진을 피하는 것은 불가능하기 때문에 빨리 알아차리고 이것을 극복하는 것(도움을 요청하는 것을 포함하여)도, 자신의 몸과 마음을 관리하는 것도 온전히 나의 몫입니다.

누군가에게 굉장히 중요한 사람이 된다는 책임감

나를 만나러 오는 내담자에게 나는 꽤 중요한 사람이 됩니다. 의미 있는 사람이 되지요. 이것은 책임감을 불러일으킵니다. 감사한 일이면서도 무거워지는 일이 됩니다. 나의 말 한마디로 누군가가 살아갈 희망을 얻기도 하지만, 죽을 만큼 큰 좌절을 겪기도 한답니다(정말로요).

내 마음 같지 않은 동료, 선후배

상담을 하는 사람들이기 때문에 서로 더 이해하고 부딪히지 않고, 따뜻할 것이라는 기대를 하시는 분들이 많이 있습니다. 상담은 굉장히 개별적인 작업이고 각자만의 규칙이 있습니다. 그렇기 때문에 그것들이 충돌할 때에는 훨씬 더 민감합니다. 특히 정서적 감수성이 높은 사람들이 모여 있기 때문에 때로는 훨씬 더 많은 갈등이 일어나기도 합니다. 상담의 일보다 동료로 인한 스트레스가 더욱 크기도 합니다. 다른 직업과 마찬가지로요.

사회적으로 낮은 대우

이 모든 스트레스가 높은 대우로 금융치료가 된다면 참 좋겠습니다만, 안타깝게도 상담자에 대한 처우는 높지 않습니다. 연차가 올라간다고 해서 상담비가 상승하지 않고, 정규직 일자리보다는 비정규직이 더 많으며 스스로 개척해야 하기도 합니다. 특히 개업 상담자가 된다면 '자영업자'라는 타이틀이 추가됩니다. 운영, 홍보, 마케팅, 주업무인 상담까지 모든 것을 잘 해내는 만능인이 되어야 합니다. 아직 사회인식도 '상담자원봉사'를 원하는 곳도 많구요.

점점 사라져 가는 동료들

석사, 박사를 마치고, 전문가 자격증을 따고, 센터를 개업하거나 어떤 자리에서 근사하게 일하고 있던 동료들이 어느 날 점점 줄어들기 시작합니다. 상담자의 발달단계를 밟다 보니 스스로에게 더 중요한 것이 무엇인지 알고 새로운 선택을 하게 되기도 합니다. 그런 동료를 기꺼이 응원해 주면서도 아쉽습니다. 나와 같이 걸어가던 사람들이 줄어들게 되니까요. 어쩌면 상담을 한다는 것은 사람과 늘 함께하면서도 외로운 일이 될지도 모릅니다. 가끔 인맥 쌓기에 좋지 않겠냐는 이야기를 듣는데, 내담자와 친구가 될 수는 없답니다(윤리규정에 따라서요).

제가 준비한 이야기들은 여기까지입니다. 많은 이야기를 접하셔서 아찔하진 않으신가요. 열심히 고르고 고른 이야기들입니다. 고충이고 난제일 뿐이지 늘 해결할 수 있고, 우리는 사람으로도, 상담자로서도 발달합니다. 그러니 쉽지 않음에도 불구하고 앞으로 걸어가기로 결정하셨다면, 여러분을 환영합니다. 세상에 좋은 상담자가 많이 있을수록 우리는 다 같이 좋아질 것이라는 것을 저는 확신하거든요. 그러니 걸어가기 위해서는 적어도 어떤 장애물이 있고 어떤 난코스가 있는지 알고 있다면 좀 더 마음을 잘 정비해 볼 수 있습니다. 상담자가 되기로 선택하셨다면, 좋은 상담자가 되어 주세요.

02

개업에 앞서
당신을 브랜딩하라

당신에게 퍼스널 브랜딩이 필요한 이유

퍼스널 브랜딩이란?

저는 상담심리사입니다. 특이한 점이라면, 개인상담보다 집단상담이나 프로그램을 주로 진행합니다. 학교에서 특강 요청이 들어와서 진행할 때가 있는데, 예상하지 못했던 재밌는 일이 생길 때가 많습니다. 이런 일도 있습니다. 초등학교에서 집단상담을 하는데 아이하나가 규칙을 지키지 않고 까불었습니다. 원하는 대로 되지 않는다고 물건을 던지고, 옆 친구를 때리고, 소리를 지르는 등 수업 분위기를 망쳤습니다. 도저히 수업을 진행할 수 없었기에 저도, 교실 아이들도 힘들었습니다. 그때 한 여자아이가 저를 위로한답시고 이렇게 말했습니다.

여자아이: 선생님. 힘드시죠? 쟤가 금쪽이라 그래요. 그 여자 선생님한테 보내야

하는데…….

저: 여자 선생님? TV에 나오는 박사님?

여자아이: 네. 거기로 보내야 고칠 거 같아요.

웃었습니다. 상담심리사는 몰라도 금쪽이 박사님은 알고 있는 게 신기하기도 했고요. 엄마들 사이에서도 마찬가지입니다. 아이에게 어떤 문제가 있어 보일 때 금쪽이 박사님한테 보내서 고쳐야 된다고 합니다. 아이의 행동을 통해 어떤 심리인지 파악하는 통찰력, 그 통찰을 이해하기 쉽게 직설적으로 풀어내는 설명력, 대처할 수 있는 솔루션을 제시해 주는 명확성이 있다 보니 어느덧 그분은 우리나라 육아상담의 대명사가 되었습니다. '금쪽이 박사님'이라는 별칭이 곧 그분을 대표하고 있으며, '심리상담' 하면 많은 분이 그분을 떠올립니다.

어떠한 분야에서 적합한 역할로 그 누구도 아닌 내가 사람들 머릿속에 바로 떠오른다는 것. 이보다 놀랍고 감사한 일이 있을까요? 이렇게 '나'를 떠올리게 하는 것이 퍼스널 브랜딩이라고 할 수 있습니다.

이런 일도 있습니다. 학생들에게 저를 소개할 때마다 신기한 경험을 하게 됩니다.

저: 저는 직업이 세 개입니다.

학생들: 뭔데요?

저: 첫 번째는 상담심리사이고요.

학생들: 아~

저: 두 번째는 작가입니다.

학생들: 오~

저: 세 번째는 유튜버예요.

학생들: 우와!!!!

어느 것 하나 버릴 수 없는 소중한 직업입니다. 다만, 되기 위해 들인 노력을 저의 기준으로 순위를 따지자면 상담심리사 자격증 따기가 가장 어려웠고, 책 쓰는 게 다음으로 어려웠고, 유튜버는 비교적 쉬웠습니다. 계정 만들고 영상 올리는 순간 구독자에 관계없이 유튜버가 된 거니까요.

그런데 아이들은 이 쉽게 된 직업에 더욱 열광하고 신기해합니다. 더 신기한 건 그다음 반응입니다. 제 소개를 할 때는 경계심을 품던 아이들이 제가 유튜버임을 밝힌 순간부터 적극적으로 질문을 하고, 수업에도 활발히 참여합니다. 심지어 수업이 끝난 뒤 사인을 받으러 오는 아이도 있습니다. 아마 아이들은 저를 상담심리사도 아니고 작가도 아닌 재미있는 유튜버로 기억할 것입니다.

제가 다녔던 학교가 어딘지, 어떤 자격증이 있고 어떤 활동을 했는지 등에 대해 연설하면 아이들은 귀 기울이지 않습니다. 저에게 흥미가 없으니까요. 즉, 아이들의 관심을 사려면 내가 얼마나 대단한지보다 내가 너희에게 얼마나 흥미로운 사람인지를 어필해야 합니다. 관심을 끌어오는 흥미로운 네이밍이 사회적인 성공이나 명성보다 중요합니다. 노력은 당연합니다. 그러나 노력을 통해 만들어 온 '나'를 효과적으로 알리는 것 또한 중요합니다. 그러기 위해선 흥미롭고 관심이 가는 소위 '맛깔나는 브랜딩'이 필요합니다.

그런 브랜딩을 하려면 어떻게 해야 할까요?

현장에서 "선생님. 저도 유튜버가 될 거에요."라고 말하는 아이들을 만납니다. 그런데 그 아이에게 "어떤 영상을 만들어서 유튜버가 될 건데?" 물으면 구체적인 답을 하지 못합니다. 게임하면서 돈 벌고 싶다, 내가 하고 싶은 거 하면서 돈 많이 벌고 싶다 정도의 이야기를 할 뿐이죠. 크리에이터(창작자)를 하고 싶지만 막상 무엇도 창작하지 못합니다.

비단 아이들만의 일일까요? 그렇지 않습니다. 우리들도 마찬가지입니다. 그리고 죄송하지만 그런 마음가짐으로 크리에이터가 되었다간 오래가지 못합니다. 창작은 수많은 노력과 준비 과정이 있어야만 빛을 발합니다. 탄탄한 기반 없는 시도는 싹도 틔우기 전에 사라집니다. 운이 좋아 싹을 틔우고 주목을 받는다 해도 롱런(장기간 인기를 유지하는)할 수 없습니다. 마지막에는 콘텐츠보다 브랜딩의 주체, 사람이 남으니까요. 즉, 크리에이터가 되는 첫 스텝은 '내가 가진 매력과 강점을 찾기', 두 번째 스텝은 '그 강점을 매력적으로 어필하기'입니다. 이게 바로 나만의 고유한 색깔을 찾고 그것을 어필하기 위한 방법, 퍼스널 브랜딩입니다.

제가 왜 퍼스널 브랜딩을 해야 하죠?

"저는 심리상담이 좋아서 시작했어요. 그리고 성실히 실력을 쌓아 가다 보면 내 담자들이 자연스레 올 거라고 생각해요."

맞는 말입니다. 한편으로는 순진한 말입니다. '묵묵하게 상담수련만 했는데 어느 순간 사람들에게 인정받고 알려진다.' 이건 상담심리사의 수가 적을 때나 가능했습니다. 지금은 다릅니다. 상황이 달라졌습니다. 심리상담이 블루오션이라는 말도 옛말입니다. 유망직종이라는 희망을 품은 채 사회로 나서는 신규 상담자들이 매년 늘고 있습니다. 한국상담심리학회, 한국상담학회 전문가들만 따져도 많은데 여기에 몇 시간의 허술한 교육만으로 자격증이 나오는 양산형 자격자들까지 상담심리사 직업군으로 넣는다면? 말할 필요도 없죠. 심리상담시장은 레드오션입니다. 적극적으로 홍보하지 않으면 누구도 나의 존재를 알지 못합니다.

'나는 개업할 생각 없이 평생 센터 소속으로 있을 거니 필요 없어.'

이 생각 또한 오산입니다. 누군가에게 나와 관련된 일을 부탁할 때 염두에 두는 고민의 방향은 크게 두 가지로 나뉩니다. '그것을 할 수 있는 전문적인 기술이 필요한가?'와 '신뢰할 만한 사람인가?'입니다. 집에 바퀴벌레가 나타났을 때, 에어컨이 고장나서 수리를 해야 할 때, 이삿짐을 옮겨야 할 때 우리는 그 일을 전문적으로 할 수 있는 기술을 가진 사람을 찾습니다. 기술이 출중하다면 그 사람의 인성은 중요하지 않습니다. 내가 어찌할 수 없는 문제를 해결해 주고 그 대가로 나는 비용을 지불하면 끝이니까요.

하지만 중고차 딜러를 통해 소개받을 때, 보험 설계사와 대화할 때, 상담심리사를 선택할 때는 다릅니다. 이때의 판단 기준엔 '이 사람이 믿을 수 있는 사람인가?'가 중요합니다. 아무리 뛰어난 능력을 가지고 있다 한들 '악용'한다면 내게 도움이 아니라 피해가 생기기 때문입니다. 상담심리사를 단순한 기술자로 보는 사람은 없을 겁니다. 그 어떤 직군보다 사람 자체, 즉 신뢰도가 중요합니다. 그 누구도 악의를 가진 사람에게 깊은 속내를 털어놓고 싶진 않으니까요.

아무리 유명하고 홍보가 잘된 센터라 해도 내담자는 '센터'가 아니라 '상담자 개인'을 봅니다. 엄연히 상담자는 센터와 별개로 자신을 꾸미고 알리는 데 능숙해야 합니다. 상담자의 자기 PR이 효과적일수록 내담자의 신뢰를 얻습니다. 결국, 나를 효과적으로 알리는 건 내담자의 알 권리, 상담자를 믿을 권리를 보장해 주는 길이기도 합니다.

"○○ 지역에서 슈퍼비전 잘하는 전문가 추천해 주실 분?"
했을 때 거론될 수 있다면
"○○권에서 부부상담 믿고 맡길 만한 분 있나요?"
할 때 믿고 추천할 수 있다면

이렇게 심리상담 영역에서 확실히 자리 잡아 '금쪽이 박사님' 같은 대명사가 될 수 있다면 가장 확실하게 심리상담을 계속해 나갈 수 있을 겁니다.

저도 처음 센터를 차렸을 때 제가 누구이고, 어떤 상담을 하는지를 궁금해하는 사람이 없었습니다.

"학교폭력예방교육 가능하신 분?"
"20대 우울증으로 힘들어하는 여성분이 있는데 상담 가능하신 분?"
"경기도 ○○와 가까워서 출장 상담 가능하신 분?"

여기에 제가 지원하고, 주어진 일을 수행해 냈습니다. 목적에 따라 필요한 게 있으면 그게 가능한 사람을 찾아 채용하는 방식이었습니다. 그런데 퍼스널 브랜딩을 연구하고 노력을 쏟으며 '나만의 방식'을 구축하다 보니 어느 순간부터 지원하지 않아도 먼저 연락이 오는 곳이 생겼습니다. 이런 경우 의뢰 내용이 사뭇 다릅니다.

"이번 특강 강사로 초빙하고 싶은데 가능한 시간이 있으세요? 주제는 가능하신 거로 자유롭게 선정해 주셔도 돼요."

"작년에 저희 학교에서 해 주셨는데 반응이 좋았어서 이번에도 모시고 싶은데 괜찮으세요?"

'목적에 맞출 수 있는 사람'이 아니라 '당신이 가진 매력적인 무언가'를 우리에게 제공해 달라는 겁니다. 원하는 방향이 '전문적 기술'에서 '사람 자체'가 되었기에 가능한 일입니다. 어쩌다 보니 자연스럽게 이렇게 된 게 아닙니다. 이 순간을 위해 저는 저라는 사람을 열심히 가꾸고 알리고 키웠습니다. 퍼스널 브랜딩을 했고, 그게 빛을 발한 셈입니다.

여러분도 마찬가지입니다. 여러분에겐 퍼스널 브랜딩이 필요합니다. 이럼에도 불구하고 아직 실감이 되지 않는다면 매운 팩트 폭격 하나 하겠습니다.

퍼스널 브랜딩이 답이다!

의문이 들 수 있습니다. 과거에 비해 심리상담에 대한 대중의 관심이 높아졌고 인식도 좋아진 것 같은데? 힐링과 위로가 대세인 만큼 심리상담을 필요로 하는 사람이 많아지지 않았나? 아무리 심리상담 시장이 레드오션(공급 증가)이라 해도 내담자가 많아졌으니(수요 증가) 상관없지 않나?

1차원적으로 생각하면 그렇습니다. 허나 심리상담은 경우가 다릅니다. 실제로 심리상담을 대중화하는 사업을 구상 중인 분들에게서 종종 자문 요청이 옵니다. 그런데 신기하게도 대부분 하는 말이 똑같습니다.

> "주변에 보면 상담에 관심 있는 분, 필요한 분이 많아요. 그래서 이들을 실력 있는 상담심리사들과 연결할 수 있는 매칭 서비스를 만들고 싶어요. 이걸 위한 자문을 구하고 있습니다. 도와주세요."

상담을 필요로 하는 사람들이 원하는 상담을 받을 수 있는 중계 프로그램을 만들겠다. 수요가 많으니 적절한 교두보 역할을 하여 공급과 수요를 원활하게 이어 주고 그 사이 중계 수수료로 매출을 올리겠다는 아이디어입니다. 이럴 때 저는 이렇게 질문합니다.

> "생각하고 계신 홍보 수단이 있으세요? 상담비용을 낮추는 거 말고요. 어떻게 하면 내담자가 나를 상담자로 선택할 수 있을까요? 즉, 내가 상담자로서 다른 상담자에 비해 더 나은 '상품 경쟁력'을 가지기 위해선 어떻게 해야 할까요?"

가장 쉬운 방법은 상담비용을 낮추는 겁니다. 내담자의 비용 부담을 줄일 수 있다면 선택 확률도 높일 수 있습니다. 그러나 이는 위험합니다. 자칫 치킨 게임(어느 한 쪽이 양보하지 않을 경우 양쪽이 모두 파국으로 치닫게 되는 극단적인 게임이론)으로 흘러갈 수 있습니다.

수원에 있는 한 대학가에서 있었던 일입니다. 같은 건물 내에 동종 사업을 하지 않는 게 예의라고 합니다. 이 건물의 5층에 PC방이 있었는데 어느 날 다른 건물에서 장사하던 다른 PC방이 사업 확장의 목적으로 이 건물 2층에 신규 매장을 냈습니다. 어차피 한 건물에서 장사하면 손님이 분산되며 양측 모두 피해를 볼 상황. 이에 5층 PC방 사장님이 2층 PC방 사장님에게 먼저 제안을 합니다. 아예 동업 체제로 가며 수익금을 나누는 식으로 하자고요. 2층 PC방 사장님도 이를 수락하였고, 5층 PC방 사장님은 가게의 매출, 운영비, 순이익 구조 등 영업 비밀을 알려 주고 동업계약서를 작성하였습니다. 그런데 2층 PC방 사장님이 계약서에 사인을 하지 않고 연락을 끊었습니다. 그리고 다음 날부터 가게에 커다랗게 현수막을 걸었는데 내용인 즉슨, PC방 20시간 무료 쿠폰 제공, 1시간 500원, 라면 500원 이벤트를 한다는 것이었습니다. 영업 비밀을 알았으니 5층이 망할 때까지 출혈 경쟁하겠다는 심보가 뻔히 보였습니다. 졸지에 영업 비밀만 알려 준 채 배신당한 5층 PC방 사장님은 뇌졸중으로 쓰러질 정도로 큰 충격을 받았습니다.

이 소식은 5층 PC방의 본사에도 들어갔습니다. 본사는 분노하며 2층 PC방이 망할 때까지 PC 사용료를 무료로 하고, 먹거리 또한 최저 가격으로 하겠다며 현수막을 걸었습니다. 말 그대로 출혈 경쟁, 치킨 게임이자 제로섬 게임이 벌어진 겁니다.

이런 싸움에선 누구도 이득을 볼 수 없습니다. 이 건물의 출혈 경쟁 속에서 다른 PC방 역시 영향을 받습니다. 가격을 내리지 않는 한 많은 손님이 무료 PC방으로 갈 테니까요. 오히려 가격을 내리지 않은 PC방을 보며 '여기는 왜 이렇게 비싸?' 하며 불만을 갖는 손님도 있을 겁니다. 곧 그 지역의 평균 시세가 내려갑니다. 서비스를 제공하는 공급자 입장에서 아무리 노력해도 손익분기를 넘기지 못한다면 그 사업을 유지할 필요가 없습니다. 버티지 못합니다. 손님 입장에선 당장에 PC방을 무료로 이용할 수 있게 되어 좋아할 수도 있습니다. 그러나 장기적으로 보면 손님도 손해입니다. 줄줄이 이어지는 폐업에 PC방 자체가 사라질 테니까요. 넓게 보면 출혈 경쟁은 산업이 더 이상 성장하지 못하고 자멸하는 결과를 불러옵니다. 소비자에게도 큰 손해인 셈입니다.

상담 업계에도 비슷한 일이 일어나고 있습니다. 상담비용을 낮추거나 할인을 함으로써 경쟁력을 갖추는 선택지를 고르는 상담자가 많아졌습니다. 처음에는 낮은 비용을 무기로 경쟁력을 갖출 수 있습니다. 그런데 다른 곳도 비용을 낮추면? 경쟁력이 사라집니다. 경쟁력을 다시 찾기 위해 더 가격을 낮추는 수밖에 없습니다. 물론 순익이 적어도 '서비스 회전율'을 높여 극복하는 방법이 있습니다. 오가는 손님이 많은 대학로 식당이 다른 가게보다 가격이 낮은데도 살아남을 수 있는 이유이기도 합니다. 허나 이 방법이 심리상담에선 불가능합니다. 아무리 내담자가 많더라도 상담자는 1시간 동안 한 명을 만나 상담을 하기 때문입니다. 심리상담이 공장에서 물건 찍어내듯 할 수 있는 게 아닌 만큼 대책 없이 가격을 낮췄다간 상담자가 지치고, 내담자는 질 낮은 상담을 받게 됩니다.

비용을 경쟁력으로 쓸 수 없다면 다른 방법을 써야 합니다. 음식점으로 생각해 볼까요?

음식점이 비용을 낮추지 않아도, 장소가 후미진 곳에 있어도 그곳에서만 먹을 수 있는 '맛'이 있다면 망하지 않습니다. 오히려 동네 사람만 아는 맛집이 되어 꾸준히 단골을 만들어 냅니다.

상담심리사가 경쟁력을 갖추는 방법도 마찬가지입니다. 특유한 '맛'을, 고유한 '색'을 갖추어야 합니다. 내담자가 상담자 혹은 여러분의 상담센터에 매력을 느낀다면, 그렇게 할 수 있다면 여러분은 높은 경쟁력을 가진 상담심리사가 되어 있을 겁니다.

마음이 힘들다 ≠ 심리상담을 받겠다

다른 관점도 말씀드리겠습니다. 저는 심리상담이 가진 치명적인 한계가 상담자도 아니고 운영과 마케팅도 아닌 이용자, 즉 내담자에게 있다고 생각합니다.

힐링 콘텐츠가 대세이고 책도 많이 팔리니까 마음을 힐링해 주는 상담이 주목 받고 내담자가 늘어날 것이다? 그렇지 않습니다. '정신 건강에 대한 관심이 높아진다'와 '상담을 결심하는 사람이 늘어난다'는 같은 말이 아닙니다.

매일 쓰던 볼펜이 갑자기 안 나옵니다. 어떻게 해야 할까요? '응? 잉크가 떨어졌나? 아니면 스프링이 나갔나?' 이러며 분해해서 살펴볼 것입니다. 이 정도는 내가 고칠 수 있을 것 같으니까요. 근데 집에 TV가 망가졌습니다. 어떻게 할까요? 분해해서 납땜질 할까요? 그렇지 않습니다. 바로 서비스 업체를 부를 것입니다. 그건 내가 할 수 있는 수준의 문제가 아니기 때문입니다. 책이 불티나게 팔리고 강의가 인기를 끄는 이유. 힐링의 흐름이 상담센터가 아니라 커뮤니티와 일반 대화 선에서 그치는 이유 모두 이용자들이 자기 마음을 TV가 아니라 볼펜 고장난 정도로 인식해서 그렇습니다.

'방법만 알면 내 선에서 어떻게든 처리할 수 있어. 내가 매일 쓰는 내 마음인데 뭘! 이런 거로 괜히 주변 눈치 봐 가며 상담까지 받을 필요 있나?'

이게 핵심입니다. '내 마음이 힘들 때가 있고, 그럴 때는 도움을 받아야 한다'를 '내 마음이지만 나 스스로 어찌할 수 없을 때가 있다! 그럴 때는 전문가인 상담심리사를 찾아가야 한다.'로 변화시키는 데에는 보이지 않는 수많은 난간이 있습니다. 그러니 가격이 저렴한 것만으로 심리상담을 홍보할 수 없습니다. 이용자들의 감정적 마지노선은 그 정도로 넘을 수 없습니다.

여전히 상담에 대한 인식은, 나의 성숙을 위한 Must have 아이템 보다, 죽을 만큼 힘들어서 그 어떤 방법도 없을 때 찾는 최후의 보루에 머물러 있습니다. 티가 난다 싶을 때 바로 전문가에게 가면 되는데 "아냐, 내가 고칠 수 있어. 가만 있어 봐. 뭘 이 정도 가지고 전문가를 불러?" 이러다가 회복 불가능한 정도 되어서야 백기 드는 꼴입니다. 게다가 더 큰 문제도 있습니다. '도대체 이 지경이 될 때까지 왜 안 오신 겁니까?'라는 눈으로 바라보는 상담자에게 이용자는 '전문가니까 이거 일주일이면 고칠 수 있죠?'를 바랍니다(이런 상담에 대한 기대부터 다시 조정해야 하는 것이 상담자의 일입니다). 내담자들의 이런 비현실적인 판타지에 제대로 된 상담자가 "매주 정기적으로 꾸준히 상담을 받으시면서 같이해 봐요."라고 할 때 몇몇 무늬만 상담사인 사람들은 이렇게 말합니다.

"오우! 일주일이 뭐예요? 3일이면 충분합니다. 이리로 오세요!"

수련도 충분하지 않은 무늬만 상담자들이 그나마 있는 내담자도 데려가는 게 오늘날 심리상담의 현실입니다.

심리상담을 바탕으로 사업을 하고 싶은 스타트업이든, 상담자든 꼭 말해 주고 싶습니다.

- 힐링과 상담에 대한 수요가 무조건 상담으로 이어지지 않는다.
- 그래서 '심리상담' 자체를 이용하는 사람은 지금도 여전히 적다.

'상담 이제 쉽고 저렴하게 받을 수 있습니다.'가 아니라 대중에게 '자신의 현재 상황이 볼펜이 아니라 TV가 고장난 것임을 빠르게 알리고 납득할 수 있는 상담에 대한 전체적인 틀 바꾸기'부터 시작해야 합니다. 그 방법이 무엇이냐고요? 당연히 퍼스널 브랜딩이지요.

당신이 내담자 마지노선의 문턱이 되어야 한다

제가 계속 '심리상담 레드오션이다.' '상담자는 많은데 내담자는 적다.' 이러지만, 과거와 비교해 보면 어떨까요? 훨씬 늘어났습니다. 상대적으로 과거에 비해 상담 접근성이 높아진 건 분명합니다. 이들이 심리상담을 결심하도록 하는 요인이 돈과 인식뿐이라면, 이걸 해결한다고 내담자 수가 증가할까요? 심리상담의 대중화가 이루어질까요? 아마 아닐 겁니다.

한 아이가 있습니다. 귀엽고 사랑스러운 아이입니다. 그 아이의 부모는 아이를 세상의 그 어떤 아픔과 시련·슬픔도 없이 건강하게 자라게 해 주고 싶습니다. 그게 부모 마음이니까요. 아이는 점점 자라 모유 수유를 마치고 이유식을 먹을 타이밍이 되었습니다. 오직 가성비만 보고 저렴한 이유식 재료를 카트에 담는 사람이 많을까요? 설령 그 재료를 담더라도 부모님이 "엄청 싸게 샀네!" 이러면서 기뻐할까요? '기왕이면 더 비싸고 좋은 거 사 주고 싶은데······.' 이러며 안타까워하지 않을까요? 내 아이는 소중하니까요. 비싸고 '좋은 것'을 사 주고 싶은 게 부모 마음입니다. 마냥 비싸서 먹기보다 '비싼 이유가 있겠지. 좋겠지.' 이런 마음 때문에 그걸 삽니다.

많은 사람이 상담실에 갈 때 내 마음을 마치 소중한 자식을 내어놓는 조심스러움으로 다루고 싶어 합니다. 가격이 부담스러워 애초에 시작을 못 하는 사람도 있지만, 일단 하기로 마음먹었다면 조금 더 돈을 내더라도 안전하고 훌륭한 상담자에게 상담받고 싶을 겁니다. 근데 심리상담 업계에서 좋은 상담자가 누구인지 알 수 있는 방법이 무엇일까요? 상담을 받기 전에 상담자에 대해 알 수 있는 기회가 있나요? 고작해 봐야 몇 글자의 약력과 인사말? 그것으로 사람을 판단할 수 있나요?

약력은 말 그대로 재료 표시 수준입니다. 자격증 많이 가졌나? 학위 어디서 땄나? 상담료가 비싼가? TV에 나왔나? 평점이 좋나? 하지만 상담에선 사람 자체를 만납니다. 외적인 자료만으로 상담자의 훌륭함을 알 수 없습니다. 그러니 알려야 합니다. 대중이 있는 곳에 상담자가 '나는 이런 사람이다.' '이런 철학을 가지고 있고, 이런 색깔을 갖고 있다.' '나의 가치관은 이렇고 상담자적인 면모는 이러하다.' 적극적인 PR을 해야 합니다.

저는 가급적 개인상담을 진행하지 않지만 그럼에도 불구하고 "무조건 반디심리연구소 형아쌤한테 받고 싶어요!" 하시는 분들이 계십니다. 이유를 물어보면 "그간 채널을 봐 왔다. 영상을 통해 비치는 형아쌤의 생각과 가치관을 보니 '이 사람이라면 믿고 내 이야기를 해도 되겠다' 싶었다."라고 하십니다. 이 믿음을 바탕으로 상담하다 보니 내담자의 상담 진도도 빠르고, 관계적인 안정감도 생깁니다.

'그거 이중관계 아니냐? 상담자에 대한 인식이 편향될 수 있지 않냐?' 우려할 수도 있습니다. 솔직히 저도 그랬습니다. 처음엔 그런 우려를 했는데, 상담관계가 두터워지면 가치관의 충돌이 있더라도 초기에 쌓은 신뢰 덕에 오히려 갈등이 잘 풀리는 경험을 합니다. 제가 내담자를 알 듯 내담자도 그간 저를 봐 오며 믿게 된 시간의 힘 덕분입니다. '상담자가 모두가 볼 수 있는 공간에서 자신의 인간적인 면모를 비추는 와중에 자연스레 생각을, 가치관을 공유한다.' 이건 첫 심리상담에서 상담자 선택이라는 소중한 선택 기로에 놓여 있는 내담자들에게 주는 최소한의 알 권리라고 생각합니다.

언제부터인지 모르겠지만, 상담심리사가 자기 자신을 드러내지 않는 게, 홍보하지 않는 게 '이중관계이다.' '상담은 장사가 아니다.' '상담자의 역량을 높이고 있으면 내담자는 알아서 찾아온다.' 등등 많은 이유 아래에 불문율처럼 존재합니다. 그러니 상담자들이 홍보를 하는 수단이라고 해 봤자, "심리상담은 누구라도 받을 수 있어요. 상담은 부끄러운 게 아니에요." 이렇게 상담 인식을 바꾸는 정보 안내 정도에서 그칩니다. 정보 안내를 받은 대중은 '그렇게 좋은 거면 나도 한번 받아 볼까?' 하다가도 '그럼 어디에서 받아야지? 정보가 없네.' 이러며 헤맵니다. 이때다 싶어 나타난 그럴듯한 말과 유명세를 가진 무늬만 상담자인 사람에게 갔다가 괜히 상처 입고 돌아오는 경우도 비일비재합니다.

지금 이 상황을 만든 건 어쩌면 '우매한 대중이 스스로의 애달픔에 쫓겨 우리를 찾아 주겠지.' 하며 고고히 앉아 있었던 상담자의 책임이 일부 있을지도 모릅니다. 자신감이 없어서, 평가 받는 게 두려워서, 내세울 게 없어서, 이상적인 베스트에만 올인해서 등등 이유가 그 무엇이든 간에 내담자들이 안전한 심리상담을 찾을 때 충분하고 적절한 정보를 주지 않았습니다. 심리상담은 누구에게나 필요하다고 말했으면, 그 '누구나'가 '우리'를 알아서 찾아와 주길 바라지 말고 '누구나'에게 '나'를 적극 알렸어야 합니다. '누구나'가 '우리'가 아닌 '자기 이득을 위해 온 무늬만 상담자'에게 갈 때 그들을 욕할 게 아니라 지금의 우리를 돌아봤어야 합니다. 필요한 건 남 탓이 아니라 자성과 비판입니다.

모르는 게 죄가 아니듯 내담자에겐 죄가 없습니다. 그들에게 '왜 적극적으로 찾지 않았냐? 조심하지 않았냐?'라고 물어선 안 됩니다. 심리상담이 대중화가 안 되는 이유를 내담자 탓으로 돌리지 마세요. 대중화가 안 되는 가장 큰 이유는 불문율에 안주하며 고고히 앉아만 있던 전문가 집단의 태도입니다.

저는 부디 자기 색깔을 자신 있게 보여 주는 상담자들이 많았으면 좋겠습니다. 인기도 끌고, 팬도 만들었으면 좋겠습니다. 수련이나 학위취득 같은 자기 발전도 중요하지만, 동시에 내담자 서비스에도 노력했으면 합니다.

제가 바라는 방향은 '내담자들이 건강한 신념과 그에 합당한 수련을 하는 상담자에게 안전한 심리상담을 받는 것'입니다. 이걸 현실적으로 실현할 수 있는 방법이 바로 '제대로 된 상담자들이 자기 자신에 대한 PR을 적극적으로 하는 것'입니다. 상담에 대한 올바른 이야기를 블로그나 유튜브에 많이 올렸으면 합니다. 그래야 내담자들이 검색했을 때 올바른 정보를 접할 가능성이 높아집니다. 상담자의 자기 PR은 돈 버는 수단이 아니라, 심리상담의 대중화와 내담자들이 안전한 심리상담을 받을 권리를 지켜 주는 일입니다. 상담자들은 자기를 증명할 수 있는 경력이나 신념이 있으면 그걸 중심으로 어필할 테고, 내담자는 취사선택할 수 있습니다. 결과적으로 상담의 질도 좋아질 것입니다. 훌륭한 상담자가 많아진 바닥에서 살아남는 방법은 나 역시 우수한 재료가 되기 위해 노력하는 것뿐입니다. 시장에서 상담을 바라보는 기준이 높아지면 기존에 엉터리 재료를 그럴듯하게 포장했던 사람들은 따라잡지 못하고 금세 탈락할 것입니다.

심리상담 대중화를 위해 가장 필요한 게 '상담에 대한 전체적인 틀 바꾸기'라고 했었습니다. 이게 저의 대답입니다. 건강한 신념을 가지고 있는 상담자들이 용기를 가지고 적극적으로 자기 자신을 알려야 합니다. 앞장서서 시장에 뛰어들어 대중들과 소통해야 합니다.

그리고 여러분이 상담심리사라는 직업을 계속 하고 싶다면 퍼스널 브랜딩의 가장 적절한 타이밍은 바로 지금입니다. 지금이 아니면 어쩌면 늦습니다. 세상이 바뀌고 있거든요.

비대면 시대에 더욱 주목받는 퍼스널 브랜딩

코로나19 팬데믹은 우리들의 일상을 바꾸었습니다. 이 변화로 인해 많은 이들이 치명적인 피해를 입었습니다. 심리상담 업계도 마찬가지입니다. 밀폐된 공간에 둘이서 대화를 하는 개인상담의 특성상 방역이 지켜지기 어려웠습니다. 더 많은 사람이 모여 대화하는 집단 상담은 더더욱 진행에 차질이 있었습니다. 그러나 팬데믹을 계기로 급속도로 발전한 상담이 있습니다. 바로 비대면 상담입니다.

"심리상담을 비대면으로 한다고? 아무리 그래도 상담은 만나서 해야지!"

이렇게 생각하던 상담자도 지금은 생각을 바꾸었습니다. 심리상 담을 하려면 비대면 말곤 대안이 없는 상황 속에서 많은 상담자가 반신반의하며 비대면 상담을 진행하였습니다. 그리고 '어? 생각보다 할 만하네? 물론 한계가 있지만 충분히 가능성이 있어!'라고 생각했 습니다.

심리상담을 비대면으로 할 수 있는 다양한 연구가 나왔고, 지금도 발전 중입니다. 그리고 이런 흐름은 퍼스널 브랜딩이 이제 선택이 아닌 필수임을 알려 줍니다. 심리상담을 아무에게나 대충 받고 싶 은 내담자는 없을 겁니다. 모두 실력 있고, 뛰어난 상담자를 만나고 싶을 거예요. 정말 운 좋게도 사는 곳 근처에 심리상담의 대가가 있 다면 그곳으로 가면 되겠지요. 만약 멀리 있다면? 아쉽지만 포기하 는 경우가 더 많을 겁니다. 물리적인 제약이 있으니까요. 하지만 비 대면 시대에는 다릅니다. 저 역시 비대면으로 개인상담, 집단상담을 진행합니다. 내담자가 지역 곳곳에 떨어져 있지만 매주 만나 소중한 시간을 가집니다.

어느 날 부산에서 집단상담 의뢰가 들어왔습니다.

"또래 관계 형성이 어려운 초등학생 아이들을 대상으로 4회기 집단상담을 진행하려 하는데 혹시 가능하실까요?"

취지도 좋고 충분히 할 수 있을 것 같았지만 거리가 멀어 정중히 거절하려 했습니다. 그러나 결국 수락하였습니다. 비대면 집단이었기 때문입니다. 예전에는 절대로 할 수 없었을 상담이 비대면 상황이기에 가능해진 것입니다. 비대면은 제가 활동할 수 있는 범위가 넓어짐을 뜻했고, 더 많은 일을 할 수 있게 되었습니다.

심리상담을 하는 지인이 저에게 해 준 말도 마찬가지 맥락입니다. 내담자가 유학을 가게 되었는데 외국에 가서도 비대면으로 상담을 이어 나가고 싶다고 해서 종결하지 않고 비대면으로 상담 방식을 전환했다고 합니다. 내담자가 상담심리사를 찾음에 있어 물리적인 제약이 사라졌습니다. 이는 상담심리사의 생존 빈부격차가 더 커짐을 뜻하기도 합니다.

실력이 어떤지 알 수 없는 근거리 상담심리사를 만날 바엔 주어진 정보도 많고, 신뢰가 가는 원거리 상담심리사를 선택하는 내담자가 많아지고 있으니까요.

내담자가 궁금해하고 만나고 싶은 상담자가 되자

가전제품도 기존 모델이 아닌 맞춤형으로 사고, 물건 하나 만드는데도 DIY로 자신만의 스타일로 꾸미는 시대입니다. 이제 내담자도 가만히 앉아 구경만 하지 않습니다. 적극적으로 검색하고 취사선택을 할 수 있습니다. 아무리 실력을 높인다 해도 내담자가 있어야 상담을 할 수 있습니다. 내담자가 궁금해하는, 만나고 싶은 매력을 가진 상담자로 있어야 합니다. 그래야 당신이 선택했고 좋아하고 잘하기 위해 노력한 심리상담을 계속해 나갈 수 있습니다. 결국, 상담심리사는 출발에 앞서 퍼스널 브랜딩부터 고민해야 합니다. 그럼 이런 생각이 들죠.

'나는 내세울 매력이 없는데?'

'상담심리사인데 자기 개방을 하면 내담자에게 악영향이 생기지 않을까?'

'내가 하고 싶은 건 상담인데 장사하는 느낌이라 싫어!'

글쎄요? 저는 그렇지 않다고 생각합니다. 고민 하나씩 차근차근 짚어 갑시다. 우선, 짚을 건 상담자로서의 매력 찾기입니다.

당신은 상담심리사로서 어떤 매력을 가지고 있나요

지금까지의 이야기를 정리하겠습니다.

- 심리상담은 어느덧 레드오션이다.
- 자신의 가치와 특성을 효과적으로 알리는 상담자가 살아남을 수 있다.
- 정신건강의 중요성이 대두되었고, 많은 사람이 관심을 가지지만 이게 곧 심리상담 수요자의 증가로 이어지진 않는다.
- 내담자에게 적극적으로 심리상담을 알림으로써 상담에 대한

문턱을 낮출 수 있다.

- 비대면 시기에는 내담자의 선택의 폭이 더더욱 넓어졌기에 상담심리사의 생존 빈부격차는 더욱 커질 것이다.

이제 고민할 방향은 자명합니다. 어떻게 하면 내담자가 선택하는 상담심리사가 될 수 있을까? 당연히 매력 있는 상담자로 어필해야 합니다. 그 누구도 매력 없는 상담자에게 자기 마음을 털어놓고 싶지 않을 테니까요. 그럼 당신은 상담심리사로서 어떤 매력을 가지고 있나요? 이 질문이 구체적인 퍼스널 브랜딩의 시작입니다.

내가 보여 줄 게 어디 있어?

"선생님. 저희 조 망했어요."

초등학교 학급에서 역할극을 활용한 집단상담을 하고 있을 때 종종 듣는 말입니다. 분명 재미있게 준비하고 열심히 연습했는데 막상 시작하려니 자신감이 떨어지나 봐요. 교실 앞에서 선보이기에 앞서 자기 작품을 망한 작품이라고 생각하는 걸 보고 있자면 참 씁쓸합니다.

"아까 보니 열심히 준비하던데? 왜 망했다는 거야?"
"몰라요. 대본도 잘 못 썼고, 외우지도 못했고 아무튼 이상해요. 망했어요."

아마 이 아이에게 '망했다'는 '완벽하게 준비가 되지 않았다.'와 같은 말인 듯합니다. 자신감 없는 의기소침한 모습으로 시작한 극은 대개 버벅거리거나, 대본을 국어책처럼 읽는 식으로 진행됩니다. 반면, 준비도 대충하고 연습도 설렁설렁한 다음 조는 당당합니다. 시작하면 애드립으로 하겠다고 하더니 뻔뻔하게 잘합니다. 심지어 대본대로 하지도 않습니다. 즉석에서 상황을 만들더니 어찌저찌 역할극을 완성합니다.

물론 이게 전문적인 연기 실력을 테스트하는 오디션장이었다면 말이 달랐겠죠. 하지만 상황 속에서 다양한 역할을 경험해 보는 역할극 상황을 더욱 잘해 나간 건 후자의 아이들입니다. 무엇이 이런 결과를 만들었을까요? 바로 뻔뻔한 자신감입니다.

젊었을 때 최대한 많은 경험을 해 보라고 하지만, 어떻게 하면 그럴 수 있는지 알려 주는 곳은 많지 않습니다. 많은 경험을 하기 위해서 내려놓아야 하는 게 있습니다.

첫째, 완벽을 내려놓아야 합니다.

다음의 공통점이 무엇일까요?

- 무언가 시작할 때 옷 사고, 신발 사고, 거기에 필요한 온갖 물건부터 사는 사람
- 미국 여행 가고 싶다고 영어 학원부터 끊는 사람
- 결과가 엉망이면 과정이 어땠는지는 까맣게 잊어버리는 사람

이들의 공통점은 불안함입니다. 사람은 불안할수록 철저하게 준비합니다. 조금의 변수도 생기지 않아야 하며, 설령 변수가 생기더라도 예측하고 대비해 놓아야 합니다. 그렇기에 준비하고 또 준비합니다. 하지만 이렇게 하면 많은 경험을 할 수 없습니다. 본게임에 들

어가기 전에 지칠 테니까요. 경험은 말 그대로 '새로운 무언가를 하며 느끼는 것'입니다. 완벽한 준비는 불안을 잠재울 수 있지만 경험의 폭도 좁힙니다. 오히려 준비되지 않은 상태에서 맨몸으로 부딪힐 수 있는 사람이 이것도 해 보고 저것도 해 보는 법입니다. 여기서 알 수 있는 퍼스널 브랜딩의 키워드는 '불완전함에 대한 수용'입니다.

둘째, 성공을 내려놓아야 합니다.

실패는 기분 나쁩니다. 성공과 실패 중에 하나를 골라야 한다면 당연히 대부분 성공을 고를 겁니다. 하지만 실패만 하는 삶만큼 끔찍한 게 성공만 하는 삶입니다. 왜냐하면 성공만 하는 삶엔 성장과 발전이 없거든요. 납득이 안 된다고요? 아이의 걸음마는 수많은 엉덩방아 뒤에 비로소 완성됩니다. 알고 있는 쉬운 문제만 풀었다간 시험에서 낙제점을 맞게 되죠. 당신이 빠른 시간 내에 크게 발전한 경험을 떠올려 보세요. 분명 어떤 시련과 실패 속에서 어떻게든 헤쳐 나가려 노력했을 때일 것입니다. 무언가를 경험하고 익숙해짐에 있어 실패는 필연적입니다. 성공을 내려놓지 못하는 마음은 '실패 = 끝'이라는 두려움에서 시작됩니다. 다시 하면 된다는 생각을 할 수 있는 사람이 더 많은 경험 끝에 성장할 수 있습니다. 여기서 알 수 있는 퍼스널 브랜딩의 키워드는 '나의 좌절 경험'입니다.

셋째, 가치를 내려놓아야 합니다.

제가 만화를 그릴 때 가장 많이 들었던 말이 "그거 해서 뭐 할 건데?"였습니다. 이 핀잔 섞인 질문에 저는 어떤 대답도 할 수 없었습니다. 왜냐하면 만화 자체가 목적이지, 만화를 통해 무언가를 이루고 싶었던 게 아니었으니까요.

바쁘게 돌아가는 경쟁 사회에서 딴짓은 죄악으로 여겨집니다. 의미와 가치가 있는 일, 시간을 낭비하지 않는 일, 떳떳하게 할 수 있는 일을 해야 한다고 합니다. 그러나 이는 잘못된 생각입니다. 왜냐고요? 불과 9마디 앞에 썼잖아요. '일'이라고요. 의미와 가치만으로 하는 건 '일'입니다. 아무리 좋아도 '일'은 지칩니다.

다양한 경험을 할 수 있는 가장 큰 원동력은 '재미'입니다. 재미가 있다면 지치지 않습니다. 물론 거기에 의미와 가치도 있다면 좋죠. 하지만 최우선은 재미입니다. 재미를 즐기는 사람만이 새로운 경험에 계속 열려 있을 수 있으니까요. 여기서 알 수 있는 퍼스널 브랜딩의 키워드는 '나도 즐거운가'입니다.

넷째, 경직된 윤리를 내려놓아야 합니다.

상담자에게 '윤리에서 자유로워져라!'라는 말을 하다니 미친 소리 같나요? 당연히 윤리는 지켜야 합니다. 실력 없는 상담자는 수련을 하면 되지만 윤리적이지 않은 상담자는 당장 상담을 그만둬야 할 정도로 상담자에게 윤리를 지키는 일은 최우선 가치입니다. 허나 '경직된 윤리'를 지니고, 굳어 있는 상담자도 문제입니다. 상황과 맥락을 생각하지 않는 윤리는 그곳을 고이고 썩게 만드니까요.

심리상담을 주제로 다양한 유튜브 콘텐츠를 만들다가 황당한 일을 당한 적이 있습니다. 가상 심리상담 상황을 만들고, 그 상담 장면을 스포츠에서 중계하듯 만들어 상담에 관심 있는 상담자도, 내담자도 재밌고 유익하게 볼 수 있는 콘텐츠를 기획하여 올렸던 때의 일입니다. 어느 날, 상담자와 내담자를 '선수'라고 부르며 스포츠 중계식으로 하고 있음을 문제 삼아 대규모 대화방에서 저의 신상을 파고, 다른 일부 영상에도 싫어요를 단체로 누른 후 음해와 악성 루머를 퍼뜨리고 있음을 알게 되었습니다. 그들은 제가 상담에 대한 권위를 실추하고 내담자에게 치명적인 상처를 주었다며 학회 윤리위원회에 채널을 신고해야 한다고 목소리를 높였습니다. 정작 제 영상을 보고 있는 내담자 구독자들은 그 콘텐츠를 통해 자신이 받고 있는 상담에 대입해 보고, 알게 된 점을 상담실에서 논하며 더욱 발전적인 상담을 받고 있었습니다.

경직된 윤리적 시선을 가지면 '새로운 것'이 나타났을 때 그게 무엇이고 어떤 의미인지 따지지 않습니다. 기존에 없었기 때문에 무조건 '잘못된 것'으로 취급합니다. 퍼스널 브랜딩은 도전성을 필요로 하기 때문에 윤리적 도전을 받을 수 있습니다. 꾸준히 윤리적으로 깊이 고민하고 동료들과 의논해야 합니다만, 당신 생각에 윤리적으로 떳떳하다면 '새로운 것'과 '잘못된 것'을 혼동하지 않았으면 합니다. 고정관념을 실험정신으로 바꿀 수 있다면 당신은 콘텐츠 덩어리입니다. 여기서 알 수 있는 퍼스널 브랜딩의 키워드는 '도전적이고 그것에 떳떳할 수 있는가'입니다.

완벽, 성공, 가치, 경직된 윤리에서 자유로운 사람만이 뻔뻔한 자신감으로 경험을 쌓아 갈 수 있습니다. 앞뒤 재기 전에 시작할 수 있으니 출발이 자유롭고, 하다가 안 되면 돌아가거나 얼마든지 수정할 수 있으니 전개가 자유롭고, 애초에 재미있는 것을 찾아 움직였으니 끝까지 달릴 수 있습니다. 물론 굳이 끝까지 달릴 이유는 없습니다. 안 되면 멈춰도 되고, 포기해도 됩니다. 그 과정까지 자양분입니다. 시도하지 않았다면 느끼지 못했을 경험을 했으니까요.

퍼스널 브랜딩을 듣자마자 '내가 보여 줄 게 어디 있어?'라는 의문이 들었다면 애석한 일입니다. 원석을 놓치고 있으니까요. 지금까지 겪었던 당신의 불완전함이, 좌절이, 즐거운 기억이 전부 당신이라는 브랜드에 색을 입힐 재료입니다. 그렇게 쌓아 올린 경험치를 자신 있고 뻔뻔하게 공유할 수 있다면 그걸로 충분합니다.

삶이 너무 평탄했어서……

지인이 청년 성장 캠프에 갔을 때 겪은 일입니다.

캠프 중반 즈음 주최 측에서 약 30명쯤 되는 구성원 모두에게 무언가를 나누어 주었습니다. 다섯 장의 포스트잇과 여러 장의 스티커였습니다.

> "당신이 남들에게 알려 줄 수 있는 지식을 포스트잇마다 하나씩 써 주세요. 그리고 벽면에 붙이세요."

그 말을 듣자마자 지인은 머릿속이 하얗게 되었습니다.

> '내가 다른 사람을 가르쳐? 감히?'

자기는 남에게 가르쳐 줄 만한 특별한 것을 갖고 있지 않다고 생각했거든요. 이런 고민을 주최 측에 얘기하자 웃으며 이런 대답을 들었습니다.

> "처음엔 많이들 그러세요. 만약 생각나는 게 없다면 지금 벽에 붙은 포스트잇을 몇 개 보고 와 주세요. 아마 생각이 많이 달라질 거예요."

그의 말에 따라 포스트잇을 본 지인은 충격을 받았습니다. 거기엔 상상도 못했던 지식들이 펼쳐져 있었습니다.

[서울에서 사람 별로 없는 조용한 산책 공간 추천]

[스타벅스 메뉴에 없지만 주문할 수 있는 꿀맛 조합]

[진짜 잠 안 올 때 잠들 수 있는 팁]

[숫자 거꾸로 세기 빨리 하는 방법]

[진짜 귀찮은데 급한 과제 내야 할 때 움직일 수 있는 방법]

[지하철에서 곧 내리는 사람 알아내는 비법]

좋게 말하면 참신하고, 나쁘게 말하면 하찮은 포스트잇들이 붙어 있었습니다. 하지만 놀라웠습니다. 그 하찮은 지식 중에 몇 가지에 굉장한 관심이 갔습니다. 알면 너무나도 유용할 것 같았습니다. 특별하고 전문적이지 않아도 쓸 수 있구나. 지인도 용기를 내서 몇 가지를 적었습니다.

[우쿨렐레 쉽게 배우기]

[동생이 짜증 나게 할 때 화 참는 방법]

[안 유명한데 좋은 노래 플레이리스트]

그날 지인은 자기에겐 너무 당연한 것들이 누군가에겐 큰 관심의 대상이 되는 경험을 했습니다. 지인의 포스트잇에도 많은 사람이 스티커를 붙였고, 그들과 그 지식을 나누는 미니 강의 시간도 가졌습니다. 다른 사람의 강의를 듣기도 하였습니다.

내게 당연한 것이 다른 사람에겐 특별한 지식이 될 수 있습니다. 이 글을 읽고 있는 당신이 누구라도 상관없습니다. 평탄하고 색깔 없는 사람은 없습니다. 자기에게 너무 익숙하기에 특별함을 모를 뿐입니다.

퍼스널 브랜딩 실습

[지금 당장 당신이 남들에게 알려 줄 수 있는 지식 10개 쓰기]

아무리 별 볼 일 없는 지식이어도 괜찮습니다.

어떤 지식에도 당신의 인생 경험과 삶이 묻어납니다.

최소 10개 이상의 지식을 적어 본 뒤 주변 사람들에게 보여 줘 보세요.

그리고 관심을 가지는 사람이 있다면 짤막한 미니 강의를 하고 반응을 살펴보세요.

흔함 + 흔함 = 독특

청소년 내담자가 상담 시간에 진로 고민을 꺼내 놓았습니다.

> "저는 저 벌어먹고 살 정도 벌면 진짜 아무 직업이나 상관없거든요? 근데 부모님
> 이 계속 좋은 대학 가서 안정적인 직장 들어가래요."

들어 보니 아무래도 모험보단 안정을 추구하는 부모님 같았습니다. 직업에 귀천 따지지 않는 개방성을 가졌는데 자꾸 틀을 강요당하니 답답할 만도 하죠. 그런데 내담자 이야기를 계속 듣다 보니 이상한 점이 있었습니다. 말로는 세상의 틀을 깨부수면서 살 것 같은데 자기 미래에 대해 구체적인 계획과 불안을 들을수록 전형적이라는 느낌이 들었습니다. 부모님이 강요하는 틀이 좁아서 반발하긴 하는데 막상 본인의 틀도 협소한 상태였죠. 물어봤습니다.

> "벌어먹고 살 직업 찾아본 거 있어?"
> "찾아보니까 죽사가 돈 잘 번다고 하더라고요. 근데 아무리 제가 하려고 해도 이미 그건 하고 있는 사람이 많잖아요. 그러니까 저는 안 될 것 같아요."

내담자의 모험심엔 배짱과 자신감이 없었습니다. 경험의 폭이 좁으니 당연히 상상의 폭도 좁을 수밖에 없죠. 마음 아팠습니다.

> "세상에 죽사를 운영하는 사람은 많겠지. 근데 젊은 여고생이 죽사를 운영하는
> 경우는 없을 걸? '소 키우는 여고생' 되게 임팩트 있지 않아?"

"오……!"

내담자의 눈이 반짝였습니다.

"모방 없는 창조는 없다."

고대 그리스의 철학자 아리스토텔레스의 말입니다. 그 어떤 새로운 것도 기존에 있던 무언가를 영감으로 태어난다는 뜻입니다. 까마득한 옛날에도 이랬는데 지금은 어떻습니까? 신제품이 출시한 지 단 몇 개월 만에 구형이 되는 시대 아닌가요?

감히 말하건대 여러분이 앞으로 무엇을 하더라도 그건 기존에 있던 무언가의 답습 혹은 변형입니다. 앞선 예시의 축사도 마찬가지죠. 종사자 수로 따지면 나 하나 껴 봤자 티도 나지 않습니다.

그런데 앞에 '○○하는~'을 붙이자 느낌이 달라졌습니다. 새로워 보이고 흥미가 생깁니다. 저는 그 어떤 마법도 부리지 않았습니다. 세상에 축사도 많고, 여고생은 그보다 더 많잖아요. 허나 기존에 있던 것 두 개를 합치자 놀라운 일이 일어났습니다. '축사+여고생'은 독특합니다.

'상담심리사' 단어 하나만으로 더 이상 유니크할 수 없다면, 이제 여러분은 '○○하는 상담심리사'가 되어야 합니다. 그게 여러분만의 색깔이자, 브랜드를 만듭니다.

[나는 ○○한 상담심리사이다.]

상담심리사로서 나를 설명할 수 있는 정체성을 부여해 보세요.

'이래도 돼…?' 하는 정체성일수록 오히려 독특한 캐릭터성이 될 수 있습니다.

그렇게 적어 넣은 다양한 정체성을 하나로 묶어 보면 놀랍도록 매력적인 한 명의 상담심리사를 만나 볼 수 있을 것입니다.

모두가 시간 낭비라고 했지만……

지금까지 불완전함에 대한 수용, 좌절 경험, 즐거움 등 세 가지의 키워드와 내겐 당연한 특별함, ○○하는 상담심리사까지 이야기를 했습니다. 그럼 이제 제 이야기를 해 보겠습니다. 저의 경험 속엔 이것이 어떻게 배어 들어 있는지 생각하며 보시길 바랍니다.

어린 시절 제 꿈은 '나만의 만화를 그리는 것'이었습니다. 터무니 없는 상상하기를 좋아하고, 그 상상을 주변에 알리며 행복해하는 아이였거든요. 어쩔 땐 그 정도가 심해 가족, 주변, 친구들에게 핀잔과 꾸지람을 받기도 할 정도였습니다. 초등학교 3학년이 되자 알게 되었습니다.

'아, 모든 사람이 내가 만든 얘기를 듣고 싶어 하는 건 아니구나.'

깨달음은 새로운 의문으로 이어졌습니다.

'그럼 누구한테 내 얘기를 해야 하지?'

제겐 '이 사람이 내 상상을 관심 있게 들어 줄 수 있는 사람인지'를 판단하는 기준점이 필요했습니다. 그래서 수첩을 꺼내 제 상상을 그림으로, 만화로 그렸습니다. 굳이 제가 말을 꺼내지 않아도 되었습니다. 제 만화에 관심을 가지는 친구는 그다음 상상의 나래를 궁금해했고, 그렇지 않은 친구는 저를 '말 없고 조금 이상한 애'로 생각했습니다.

그림 실력은 좋지 않았습니다. 그러나 딱히 상관없었어요. 제게 있어 만화 그리기란 '그림 그리기를 좋아해서'가 아니라 '이게 내 상상을 담아내기 가장 좋은 도구'였기 때문입니다. 전 이미 만화를 통해 많은 표현을 하고 있었기에, 학창시절 친구들에겐 '말 없는 조용한 아이'였습니다. 그러나 상상력이 뛰어나서 남들은 하지 않는 기발한 생각을 자주 할 수 있었고, 어느 순간 교실 내에서 독보적인 포지션을 담당하게 됩니다. 친구들이 말할 때 중간에 끼지 않고 말없이 있다가 마지막에 기발한 한마디를 해 주는 일이 많아졌습니다. 그러다 보니 얘기를 잘 들어 준다는 인식이 생겼습니다. '고민 상담은 김진형에게'가 되었어요. 친구들은 저에게 "너는 상담자를 하면 잘할 것 같아."라고 말해 주었고, 저 역시 '아, 내가 고민 상담은 잘해 주겠다.' 싶었습니다. 자연스레 진로 희망학과에 심리학과를 적었습니다.

여기까지 읽고 어떤가요? 의문이 들지 않나요? 만화 그리는 게 꿈이라며? 갑자기 심리학과? 그 꿈은 포기한 거야?

그렇지 않습니다. 사실, 심리학과를 선택한 또 다른 이유가 '마음껏 만화 그릴 수 있겠다!' 싶어서였습니다.

고등학교 2학년 때였습니다. 교실이 3층에 있었는데 2층에 상담실이라는 곳이 생겼습니다. 당시 심리상담에 대한 인식은 지금보다 훨씬 부정적이었기에 '학교 적응 못하는 문제 학생이 가는 곳'이라고 생각했습니다. 그곳을 드나드는 학생이 거의 없었습니다. 교실을 오가다 상담실을 보면 항상 같은 모습이었습니다. 넓은 공간에 상담 선생님 혼자 앉아 무언가를 열심히 하고 있었지만 참 한가해 보였습니다. 그 모습이 인상적이었어요.

'저분은 선생님인데 수업도 안 하고, 맨날 혼자 앉아 있다가 퇴근하네? 근데 선생님이니까 월급은 그대로 받으셨지? 그럼 하루 종일 아무것도 안 하다가 퇴근하는 거잖아?'(물론 아무것도 모르던 고등학생일 때 생각입니다. 전문상담교사에게 얼마나 많은 업무와 역할이 주어지는지 알게 된 지금으로써는 그때 참 순진했다 싶습니다.)

출근은 하는데 할 일이 없고, 혼자만의 공간에 있을 수 있다?

'바로 저기야! 상담 선생님이 되면 내가 좋아하는 만화 그리기를 계속 하면서 안정적인 직장도 유지할 수 있겠어!'

청소년기 저는 무엇을 좋아하는지 확실히 알고 있었고, 주변에 능력을 인정받은 잘하는 게 있었고, 적당한 영악함과 현실성을 가지고 있었습니다. 흔히 진로에 대한 이야기는 그 자체에 대한 열망, 순수성, 노력을 강조하잖아요? 그런 면으로 보면 저의 첫 시작은 '그게 대체 뭐야. 이상해.'라고 생각할 정도입니다. 솔직히 제가 봐도 그러니까요. 아무튼 그렇게 심리학과 생활이 시작되었습니다. 하루하루가 즐거웠습니다. 제 인생 가장 즐거웠던 기간을 정하라면 망설임 없이 '대학교 다닐 때'를 고를 정도입니다. 그도 그럴 것이 입학과 동시에 만화 연재를 시작하여 매주 인터넷 커뮤니티에 올릴 수 있게 되었습니다. 발달심리학, 성격심리학 등을 배우며 만화 속 등장인물의 심리 및 행동 근거를 짜임새 있게 구상할 수 있었고, 즐기면서 공부를 하니 큰 노력을 하지 않아도 중상위권의 학점을 유지했습니다.

학과 건물 내에 있는 독서실을 자주 활용했습니다. 물론 가방은 책이 아니라 만화 그릴 도구로 가득했습니다. 심지어 남들은 시험 기간 끝나고 놀러 갈 때 저는 독서실로 향했습니다. 시험 준비하느라 못 그린 만화를 그리기 위해서였지요. 수강 신청을 할 때에도 일부러 공강 시간을 두었습니다. 하루 9~10시 / 17~18시 수업 있는 날이 정말 좋았습니다. 적당히 놀다가 쉬다가 만화 그리면 되었기 때문입니다. 당시 저의 지도교수님은 저를 보시면 항상 "아직도 만화 그리니? 적당히 하고 공부도 해야지."라고 하셨습니다. 저는 멋쩍게 웃으며 "네, 할 건 하면서 그리겠습니다."라고 했습니다.

교직 과목을 신청하는 데에는 조건이 있었습니다. 심리학과 내에서 3등 안에 들어야 했습니다. 나름 열심히 공부했지만, 중상위권 수준이었어요. 저는 교직 과목을 포기할 수밖에 없었고, 이는 전문상담교사가 될 수 없다는 뜻이기도 했습니다. 하지만 좌절하지 않았습니다. 어쨌거나 지금 학교생활이 재밌고 공부가 재밌고 만화를 그릴 수 있었으니까요. 심리상담 자체에도 흥미가 생기면서 '굳이 학교가 아니더라도 상담심리사를 직업으로 갖는 거 재밌을 것 같아.'라는 생각을 하게 되었습니다.

대학생활에도 적극적으로 참여했습니다. 놀러 다니고, 연애하고, 술 마시며 노는 등 외향적인 활동은 하지 않았지만 '대학생이 되었으니 소극적인 성격을 고쳐 보자!' 결심하고 동아리 활동을 찾다가 학과 동아리였던 사이코드라마연구회에 들어갔습니다. 결과적으로 대학교는 저에 대해 많은 것을 알게 해 주고, 확인시켜 주는 곳이었습니다.

저는 어떤 일이 있을 때도 매주 월요일 정기 연재를 놓치지 않는 끈기와 집념을 가졌고, 돌발 상황을 대비하여 비축 분량을 미리 쌓아 둬야 안심하는 예비 능력이 있습니다. 만화를 좋아하는 팬들을 보며 '나의 창의력이 신선하고 특출 나구나'를 증명했으며 새로운 이야기를 상상하고 그걸 생생하게 표현해 내는 언어 활력이 있음을 알게 되었습니다. 주변에선 이런 저를 이해하지 못했습니다.

"그렇게 만화 그리면 돈 받아? 그것도 아닌데 왜 그렇게 열심히 해?"
"만화가 하려고? 아니면 만화 왜 그리는데?"

걱정하거나 핀잔 주기 일쑤였어요. 하지만 이런 반응을 한순간에 바꾼 일이 있었습니다. 대학원생일 때입니다. 상담 시간이 되면 아무 말도 안 하고 그냥 "모르겠어요." "싫어요." "그냥요."만 반복하는 청소년이 있었습니다. 많은 상담자가 그 아이를 만나 봤지만 결국 입을 여는 데에 실패했다고 했어요. 이번에는 제가 그 아이를 상담하게 되었습니다. 역시나 대답은 없었어요. 그 아이는 상담에 대한 아무런 의지가 없었고, 그 시간이 끝나기만을 바라는 것 같았죠. 그렇게 저만 떠들다가 아무 대답도 못 듣고 끝나는 상담을 3회기쯤 했습니다. 도대체 어떻게 하면 이 아이가 상담 시간에 마음을 열고 자기 자신을 보여 줄 수 있을까? 고민을 하던 저의 눈에 제가 그린 만화가 보였습니다. '어쩌면?' 저는 다음 상담 시간에 제 만화를 한 권 챙겨 갔습니다. 그리고 아이에게 제가 그린 만화를 보여 주며 이렇게 얘기했습니다.

"사실, 선생님이 만화를 그리는 취미가 있거든? 그래서 앞으로 상담 시간에는 너랑 같이 만화를 만들어 볼까 해. 네가 만들고 싶은 이야기를 말해 주면 선생님이 그걸 만화로 그려서 스토리를 완성하는 거야. 어때?"
"...... 아무 이야기나 다 돼요?"

아이가 되물었습니다. 그 아이가 처음으로 한 '질문'이었습니다. 제 만화를 보고, 제 얘기를 듣고 흥미가 생긴 겁니다. 이후 상담 시간이 되면 그 아이는 자기가 바라는 다양한 이야기를 저에게 해 주었고, 저는 그걸 그림으로 그려 주었습니다. 그 아이의 이야기 속엔 아이의 욕구와 정서적 결핍이 숨어 있었습니다. 그걸 통해 자연스레 상담을 진행하며 아이 본인의 얘기까지 들을 수 있었습니다.

그 상담을 계기로 제게 확신이 생겼습니다. 정해진 상담자의 모습이란 없다고. 내 색깔을 상담에 사용하며 '나만의 상담 스타일'을 만들어 낸다면 그게 곧 매력이 될 수 있다고.

퍼스널 브랜딩 실습

[나의 어떤 색깔에 스며들며 살아왔나요?]

삶의 기록을 정리할수록 당신이라는 사람의 색깔을 선명하게 알 수 있습니다.
좋은 기억만 적는 게 아닙니다. 큰 기억, 작은 기억, 선명한 기억, 흐릿한 기억, 떳떳한 기억, 숨기고 싶은 기억, 포근한 경험, 상처 받은 경험 등이 모두 모여 지금의 색깔을 만들었습니다.
이 곳에 하나씩 정리해 보세요. 이미 당신은 매력적입니다.

−생애 최초 기억

−영유아기

—청소년(초등학교 연령대)

—청소년(중학교 연령대)

—청소년(고등학교 연령대)

—성인(대학생 연령대)

—성인(대학생 이후)

—성인(사회생활 이후)

—종합해 보니 내게는 어떤 색깔이 있나요? 나는 어떠한 매력을 지닌 상담자인가요?

나의 색깔을 찾아내는 구체적인 방법

이런 이야기를 들은 적이 있습니다.

"좋아하는 거나 취미가 있다는 사람 얘기를 들으면 신기해요. 저는 그런 게 없거든요."

놀랐습니다. 사람들은 당연히 자신이 무엇을 좋아하고, 하고 싶은지 알고 있다고 생각했거든요. 다만, 그걸 할 시간이나 여력이 없어서 못 하고 있겠지 했습니다. 근데 더 놀랄 일이 남았었습니다. 좋아하는 게 없는 그가 이상한 게 아니라 제가 이상한 거였습니다. 굉장히 많은 사람들이 좋아하는 거 하나 없이 그저 살아갈 뿐이었습니다. 말 그대로 '그저 살고 있는' 상태였습니다. 이런 이에게 "너의 이야기를 해!"라고 말해 봤자 아무 소용 없습니다. 있어야 말을 하죠.

"아무것도 없다고. 모르겠다고. 세상 사람들 다 너 같지 않아."

이 말을 들을 때의 충격과 슬픔 그리고 쓸쓸함이 아직도 잊히지를 않습니다. 자신감을 불어넣었다 한들 구체적인 'How?'가 있지 않아 막막하다면 다음의 내용이 도움이 될 겁니다.

Brent Mattingly와 Gary W. Lewandowski 교수가 개발한 36가지의 질문입니다. 이 질문을 고민하고 답하는 과정에서 자기 인식과 자기 이해가 늘어날 겁니다. 총 여섯 가지 파트가 있는데 각 파트에 포함된 여섯 가지 질문을 통해 스스로를 깊이 알아보세요.

각 섹션은 약 15~20분 정도 걸리지만 굳이 빠르게 답하지 않아도 됩니다. 각 질문을 하루 종일 곰곰이 생각해 보는 것도 좋습니다.

파트1: 오늘의 당신은 어떠한가?

질문 1. 당신을 묘사하는 5개의 형용사 또는 특징을 적어 주세요.

질문 2. 당신이 수행 중인 다섯 가지 역할을 적어 주세요.

질문 3. 당신의 기술, 능력 다섯 가지를 적어 주세요.

질문 4. 당신의 특징을 엿볼 수 있는 당신의 소유물 다섯 가지를 적어 주세요.

질문 5. 지금의 당신에게 큰 영향을 준 인생 경험 다섯 가지를 적어 주세요.

질문 6. 가족 또는 친한 친구가 당신을 묘사할 때 자주 쓰는 다섯 가지 특징을 적어 주세요.

파트2: 당신의 자아 의식이 얼마나 안정적인지?

질문 7. 당신의 성격 중 어떤 면이 가장 명확하다고 생각하시나요?

질문 8. 외부에 보여지는 당신의 모습 중 진정한 당신의 모습과 일치한다고 생각되는 모습은 무엇인가요?

질문 9. 사회적 혹은 동료의 압박에도 불구하고 꺾이지 않았던 당신의 생각 혹은 행동이 있었다면 세 가지 예를 들어 주세요. 그리고 어떻게 그렇게 할 수 있었는지 적어 주세요.

질문 10. 당신에게 중요한 개인적 가치관 세 가지를 적어 주세요. 그 믿음을 고수하는 게 미래에 당신에게 어떤 도움이 될까요?

질문 11. 주변 환경 및 상황과 관계없이 변함없는 당신의 성격은 무엇인가요?

질문 12. 1~6번 질문에 대한 답변 중 당신이 생각하는 당신의 모습과 다른 점이 있나요? 만약 그렇다면 어떻게 하면 일관적인 모습을 가질 수 있을까요?

파트3: 당신의 자존감을 살리는 일은 무엇인가?

질문 13. 당신에게 있어 가장 우수하다고 생각되는 요소 세 가지를 적어 주세요.

질문 14. 당신 주변 사람들에 비해 당신이 더 잘하는(자신 있는) 것이 있다면 무엇인가요?

질문 15. 당신의 삶은 당신의 주변 사람들에 비해 어떤 면에서 더 나은가요?

질문 16. 당신이 자부심을 가지고 있는 스스로의 모습 세 가지를 적어 주세요.

질문 17. 당신의 인생에서 가장 훌륭한 성과(성취) 세 가지를 적어 주세요. 이후 당신의 큰 목표는 무엇이 있나요?

질문 18. 고민이 있나요? 비슷한 고민으로 고군분투하는 사람을 더 알고 있나요?

파트4: 당신의 모습을 기억하라

질문 19. 하면 즐겁지만 할 기회가 많지 않은 세 가지를 적어 주세요. 이런 것을 더 자주 하려면 어떤 방법이 있을까요?

질문 20. 당신이 결여되었다고 생각하는 속성이 있나요? 그것을 충족하려면 어떤 방법이 있나요?

질문 21. 나의 일보다 타인의 일을 우선시했던 적이 있나요? 어떻게 하면 그 두 가지의 균형을 찾을 수 있을까요?

질문 22. 당신의 취미 활동을 할 수 있는 시간을 내는 게 가능한가요? 그렇지 않다면 어떻게 하면 시간을 낼 수 있을까요?

질문 23. 고등학교를 졸업하면서 생각했던 당신의 모습은 무엇이었나요? 그 모습과 지금을 비교해 볼 때 어떤 부분이 부족하다고 느끼시나요?

질문 24. 당신의 과거 사진 및 일기를 보며 과거를 떠올려 보세요. 과거 사람을 다시 만나게 된다면 어떤 면에서 좋을까요?

파트5: 어떻게 하면 업무 효율을 낼 수 있을까?

질문 25. 당신의 직업은 당신을 발전시킬 수 있나요?

질문 26. 당신의 직장에서 새롭고 흥미로운 것을 배울 수 있나요?

질문 27. 직장에서 맡은 임무는 무엇인가요? 그 임무가 당신을 더욱 효율적으로 만들었나요?

질문 28. 어떻게 하면 당신이 맡은 업무를 더 흥미롭고 재미있게 할 수 있을까요?

질문 29. 지난 5년간 직장에서 새롭게 배운 기술은 무엇인가요?

질문 30. 향후 5년을 내다볼 때 당신이 추가적으로 습득할 수 있는 전문 기술은 무엇인가요?

파트6: 어떻게 하면 당신을 더 나은 모습으로 만들 수 있을까?

질문 31. 당신이 시도할 수 있는 새롭고 흥미로운 활동 세 가지를 적어 주세요. 그것은 당장 다음 주부터 할 수 있는 일인가요?

질문 32. 당신이 배우고 싶은 세 가지 주제는?

질문 33. 당신을 발전시킬 수 있는 방법을 세 가지 이상 이번 달 내로 시도해 본다면 어떤 방법을 쓸 수 있을까요?

질문 34. 미래에 가 보고 싶은 장소 세 가지를 적어 주세요. 각 장소를 가면 무엇을 얻을 수 있을까요?

질문 35. 지난 5년 동안 당신이라는 사람은 어떤 면에서 성장하였나요?

질문 36. 향후 5년간 당신이 성장할 수 있는 방법은 무엇일까요?

각 질문에 성심성의껏 생각하고 답변한다면 아마 내가 어떤 사람인지, 어떤 특성을 가지고 있는지 수월하게 찾을 수 있을 겁니다.

나를 찾았다면 이제 관심을 밖으로 돌릴 차례!

상담심리사의 길을 선택했다는 자체가 '나는 누구인가?'에 관심이 많다는 뜻입니다. 그래서 상담자에게 자기 계발은 가깝고 친숙한 개념입니다. 아마 나의 퍼스널 컬러를 찾는 과정이 어렵지 않았을 수도 있습니다.

좋습니다. 퍼스널 브랜딩도 자기 계발의 과정으로 시작하니까요. 하지만 이것만으로는 충분하지 않습니다. 나에게 재미있고 가치 있다고 해서 다른 사람도 똑같이 반응할까요? 오히려 그렇지 않은 경우가 더 많습니다. 브랜딩할 퍼스널 컬러가 명확해졌다면 이제 나라는 상품을 어떻게 알릴지 정교한 전략을 짜야 할 때입니다. 성공적인 퍼스널 브랜딩을 위해선 우선 내가 납득할 수 있고, 그걸 타인이 귀 기울일 수 있는지 봐야 합니다. 두 가치를 끊임없이 대조, 조율하여 그 합의점을 찾는 과정이죠.

다음 네 가지 질문이 그 고민에 이정표가 될 겁니다.

① 내가 원하는 분야는 무엇인가?
② 내가 할 수 있는 역할이 무엇인가?
③ 대상(타깃)이 누구인가? 또 그들이 원하는 게 무엇인가?
④ 그들에게 나를 어떻게 인식시킬 것인가?

앞선 두 개의 질문이 자기 계발 영역이라면 나머지 두 질문은 타깃 설정 및 전략 짜기의 영역입니다. 그들에게 나를 인식시킬 전략과 창구는 3장에서 다룰 예정이니 여기서는 ①~③번 질문에 답을 찾는 과정에서 기억해야 할 내용을 알려드리겠습니다.

제가 유튜브 채널을 시작하면서 스스로에게 했던 질문은 세 가지입니다.

첫째, 재미있게 할 수 있나?

재미없는 일을 정기적으로 하는 건 고문입니다. 우리는 그걸 '일'이라고 부르기로 했죠. 물론 언제까지고 하고 싶은 일만 할 수는 없습니다. 하지만 퍼스널 브랜딩은 고독하고 외로운 대기만성형 싸움입니다. 당장에 수익도 적고 관심도 받지 못하는데 들이는 노력과 시간은 많을 겁니다. 그러니 기왕이면 재밌게 할 수 있어야 합니다. 그 안에서 나름의 의미를 찾을 수 있어야 합니다. 그렇지 않으면 잠깐 노력할 수 있지만 길게 유지할 수 없습니다.

둘째, 나만의 아이템이 있나?

앞서 이미 다뤘으니 여기선 짧게 쓰겠습니다. 독특한 아이템이 매력을 만듭니다. 내가 지금껏 해 왔던 모든 경험과 능력이 지금의 나를 만든 경험치입니다. 그렇기에 내가 곧 콘텐츠화될 수 있습니다.

셋째, 내 안의 목표는?

목표를 구체적으로 잡아야 합니다. 목표에 따라 전략 또한 달라집니다. 그래서 목표를 설정하는 과정은 둘 중 어느 쪽을 택할 것인지 선택을 해야 할 때가 많습니다. 물론 두 마리 토끼 다 잡는 방법이 있다면 좋겠지만 현실은 그렇게 녹록지 않습니다.

- 흥미도
  영양가 적은 스낵 콘텐츠라 할지라도 흥미 있게 만들어 불특정 다수의 이용자를 만들 것인가, 아니면 흥미를 끌지 못하더라도 나의 브랜드 전문성을 쌓아 보여 주는 창구로 콘텐츠를 만들 것인가?
- 대중적 소재
  대중이 관심을 가지는 주제를 중심으로 만들 것인가? 아니면 내가 관심이 있는 주제를 중심으로 만들 것인가?

- 팬 층 확보

  많은 사람이 보고 가는 성격의 브랜드 전략이 유리한가? 적은 수라도 고정적인 팬 층이 있는 브랜드 전략이 유리한가?
- 매력도

  퍼스널 브랜드를 보여 주는 나의 매력을 높일 것인지? 퍼스널 브랜드에서 보여 주는 정보의 매력을 높일 것인지?
- 비전

  장기적인 목표와 방향성을 가지고 갈 것인지? 현재에 집중하여 그때그때 충실하게 갈 것인지?
- 송곳 타깃

  특히 신경 써야 할 대상이 있는지? 가령, 청소년상담, 중독상담 등 국한된 키워드에 더 큰 주목을 받는 편이 나은지?

이런 질문에 성실히 답을 찾다 보면 어느덧 고민이 해결됩니다.

1. 내가 원하는 분야는 무엇인가?
2. 내가 할 수 있는 역할이 무엇인가?
3. 대상(타깃)이 누구인가? 또 그들이 원하는 게 무엇인가?
4. 그들에게 나를 어떻게 인식시킬 것인가?

여기까지 따라왔나요? 그럼 이제 나를 알리는 데 어떤 수단이 적절한지 살펴봅시다.

퍼스널 브랜딩의 수단

내가 가진 요소 중에 무엇을 브랜딩할지를 찾았다면 여러분은 퍼스널 브랜딩에서 가장 힘들고 어려운 작업에 성공하셨습니다. 내 안에 실속 있는 알맹이를 찾아내는 것만큼 중요한 게 어디 있겠어요.

하지만 아무리 빛나는 보석이라도 검은 비닐봉지에 대충 담아 다니면 그 의미가 퇴색됩니다. 나의 가치가 무엇인지, 그 속성과 성격은 어떠한지, 이를 설계해 갈 '나'는 또한 어떤 특징에 맞는지 등을 찾아 근사한 포장지를 찾아야 합니다. 내가 가진 브랜드 가치의 성격을 가장 적절하게 보여 줄 수 있는 수단이 무엇인지, 여러분에게 가장 적합한 퍼스널 브랜딩 수단을 찾기 위해선 어떻게 해야 하는지 알아보겠습니다.

대놓고 하는 홍보의 효과는 '제로'이다

MZ세대에 대한 관심과 연구가 집중 조명되고 있습니다. 그 이유가 무엇일까요? 새로운 세대에 대한 순수한 궁금증? 그들과 공생하고자 하는 호의적 호기심? 저는 그렇게 생각하지 않습니다.

세상에 자동차가 생겼을 때 여러 차례 떨어지면서도 어떻게든 면허를 취득하려고 하는 데에는 자동차가 가져다주는 기동력이 필요했기 때문입니다. 스마트폰이 생기고 사용을 어려워하는 어르신에게 스마트폰 특강까지 만들어 가며 알려 주는 이유는 그것이 주는 편의성이 필요하기 때문입니다. 만약 자동차나 스마트폰이 생겼어도 아무도 그것을 쓰지 않았다면 누구에게도 관심 받지 못했을 겁니다.

만약 MZ세대가 사회에 별다른 영향을 미치지 않는 세대였다면 관심을 가지지 않았겠죠. MZ세대에 대한 관심, 그 핵에는 이들이 현 사회 전반에 영향을 미치고 있기 때문입니다. 그리고 그것은 기존 세대와 다른 특징을 가졌기 때문이죠. 그게 무엇일까요? 바로 SNS 입니다.

SNS를 활용하며 사람들 간의 관계에 다양한 변화가 생겼습니다. 정보 통신 기기가 보편화되면서 언제 어디에서나 인터넷을 자유롭게 사용할 수 있는 상황에서 다양한 분야의 기업, 공공기관, 심지어 개인까지 SNS를 사업 마케팅 수단으로 활용합니다.

SNS는 그 종류와 목적에 따라 유형을 구분할 수 있습니다.

구분	정의	의미
Task-Oriented	홍보형	• 설득적인 메시지나 시각자료로 브랜드/상품을 광고 • 신상품이 신서비스를 홍보 • 온라인 쿠폰, 할인, 경진대회 등을 알림
Self-Oriented	정보형	• 회사나 상품에 대한 뉴스, 정보, 스토리를 전함 • 회사에서 후원하는 이벤트, 프로그램, 캠페인을 전함 • 회사와 관련된 종업원, 스태프, 관리자의 사진이나 영상
Interaction-Oriented	소통형	• 사회적 이슈나 주제에 대한 의견을 전함 • 날씨나 계절에 대한 소소한 이야기를 전함 • 좋아요, 공유, 댓글을 요청하는 이야기를 전함

홍보에 초점을 맞추었다면 센터에서 진행하는 대표적인 상담 아이템이 무엇인지 알리고 이것을 내담자가 왜 받아야 하는지, 어떤

효과가 있는지를 효과적으로 알리고 설득할 수 있어야 합니다. 상담 비용표를 올려놓거나, 해당 상담을 받은 내담자들의 후기를 공유하는 등의 방법이 있습니다.

정보에 초점을 맞추었다면 상담 지식을 알려 주거나 내담자들의 궁금증에 대답을 써 주는 등 이용자가 알고 싶지만 모를 만한 내용을 설명해 주어야 합니다. 정보를 가장 잘 담을 수 있는 SNS는 블로그입니다. 궁금한 게 생기면 포털 창에 검색을 하고, 원하는 정보를 찾아낼 수 있기 때문입니다. 그래서 블로그를 '검색형' SNS라고 할 수 있는데, 검색형 SNS는 공동의 관심사를 가지고 있는 불특정 다수의 사람들이 정보를 취급합니다. 재방문율은 떨어질 수 있지만 매력적이고 대중적인 정보를 취급함으로써 많은 이들이 왔다 갔다 할 수 있습니다. 그런 양질의 정보가 쌓인다면 거기에서 자연스레 인식이 생기고요.

소통에 초점을 맞추었다면 보다 즉각적이고 친밀한 위치에서 내담자들과 함께해야 합니다. '정보'가 아니라 '인플루언서' 자체에 관심을 가지게 된 팬은 여러분이 무엇을 하는지 상관없이 여러분의 행동 전반을 지켜보고 반응해 줍니다. 왜냐하면 그들의 관심은 '여러분'이니까. 여러분이 가진 매력이 그들을 이끌었으니까.

그럼 내 SNS는 홍보형, 정보형, 소통형 중에 무엇을 골라야 할까? 이런 고민을 하고 있다면 아쉽습니다. 이미 시작을 잘못 잡았어요.

심리상담 관련 업종에 있는 실무자를 만나 이야기를 듣다 보면 이런 고충을 토로합니다.

"센터장님께서 센터 홍보를 하라면서 유튜브 채널도 만들고, 페이스북 계정, 인스타그램 계정 만들고 관리하라고 하는데 제가 그런 걸 해 봤어야 알죠. 일은 일대로 많은데 홍보 업무까지 하려니 죽을 맛이에요."

그들의 고충은 '콘텐츠를 기획하고 생산하는 시간이 촉박하다.'입니다. 그러나 이보다 더한 문제가 있습니다.

"그렇게 야근하고 애써 가며 만들면 뭐해요. 봐 주는 사람이 없어요. 그럼 나중에 전체 회의에서 왜 홍보물을 올렸는데 사람들이 안 보냐고 저한테 뭐라고 하신다니까요?"

그렇습니다. 이미 청소년상담복지센터나 가족센터 등 다양한 기관에서 기관용 계정을 만들고 센터 소식 및 공지사항을 올리고 있습니다. 그러나 우린 알지 못합니다. 별 관심이 없고 흥미 또한 생기지 않습니다.

이게 첫 번째 착각입니다. 무언가를 올리면 사람들이 당연히 볼거라 생각합니다. 절대 그렇지 않아요. 홍보 혹은 정보성 내용으로만 가득 찬 게시물을 관심 있게 찾아봐 줄 사람은 한 명도 없습니다. 계속 보고 싶은 매력, 호기심을 자극하는 썸네일, 시선을 붙잡아 둘 정보가 있어야 합니다. 홍보를 해 본 적 없는 센터장이나 팀장급 선임 중에는 SNS에 홍보 자료만 올리면 저절로 홍보가 되는 줄 아는 사람이 많습니다만 굉장한 착각입니다. 제대로 된 마케팅을 하려면 전담 인력을 배치하거나 많은 예산을 쏟아야 겨우 가능할 정도입니다. 효과적인 브랜딩은 나만의(퍼스널) 특색 있는 '정보'를 바탕으로 고객에게 친화적으로 '소통'하여 자연스레 '나'라는 소재가 '홍보'되어야 합니다. 만들면 봐 줄 거라는 자만을 제발 버리세요.

SNS는 인생의 낭비이다. 허나 퍼스널 브랜딩의 보고이다

다양한 SNS가 있습니다. 이용자의 욕구와 특성에 따라 주로 사용하는 SNS가 달라집니다. SNS마다 고유한 특색이 있다 보니 몇 달 전엔 유행하던 SNS가 금세 시들하고 새로운 SNS가 뜨기를 반복합니다. 그중에도 어느 정도 안정화에 접어들어 성격이 명확한 대표 SNS가 있습니다.

한 방송에선 SNS별 특징을 이렇게 표현한 적이 있습니다.

싸이월드	내가 이렇게 감수성이 많다.
페이스북	내가 이렇게 잘 살고 있다.
블로그	내가 이렇게 전문적이다.
인스타그램	내가 이렇게 잘 먹고 있다.
카카오스토리	내 아이가 이렇게 잘 크고 있다.
트위터	내가 이렇게 이상하다.

유쾌하면서도 핵심을 짚은 내용이라고 생각합니다. 이를 중심으로 조금 더 파고들겠습니다.

싸이월드와 카카오스토리는 퍼스널 브랜딩 수단으로 적절하지 않습니다. 싸이월드는 현재 이용자가 현저히 적기 때문이고, 카카오스토리는 카카오톡을 공유하고 있을 정도로 친밀한 사람들끼리 정보를 공유하는 사적 공간에 가깝기 때문입니다.

페이스북의 특징은 '내가 이렇게 잘 살고 있다'입니다. 자신이 이루어 낸 성과를 공유하거나 어떠한 이슈에 대해 자신의 의견을 개진하는 등 자신의 전문성을 알리는 용도로 쓰이는 경우가 많습니다. 자격증 취득, 사업적 성과 공유, 현상에 대한 객관적인 분석과 논리적인 의견 표출 등은 상담심리사로서 자신의 전문성을 알릴 좋은 수단입니다. 만약 내가 대외적 성과가 많고 이를 표현하고 싶다면 페이스북 플랫폼 활용을 추천합니다.

네이버 블로그의 특징은 '내가 이렇게 전문적이다'입니다. 앞에서도 말했듯이 블로그는 정보 전달 및 검색에 특화되어 있습니다. 그뿐만 아니라 사진, 짧은 영상, 이모티콘 등을 활용해 가독성을 살려 매력적인 글을 쓸 수도 있습니다. 최근에는 사람들이 영상 매체에 익숙해져서 긴 글을 읽지 않는 경향이 있지만, 그래도 매력적인 타이포 디자인을 할 수 있다면 블로그도 상당히 매력적인 공간이 될 수 있습니다.

인스타그램의 특징은 '내가 이렇게 잘 먹고 있다'입니다. 친근하고 조금 더 사생활에 가까운 공간이지만, 불특정 누군가의 게시글에 손쉽게 접근 가능하며 노출도 또한 높습니다. 사진이 주가 되는 SNS이기에 감성적이고 세심하며 트랜드에 민감합니다.

트위터의 특징은 '내가 이렇게 이상하다'입니다. 트위터는 140자 제한이라는 짧은 문장과 익명성이라는 특징 속에 독특한 특징이 생겨났습니다. 지극히 사적이고 원초적인 이야기를 하는 경우가 유독 많습니다. 그래서 범용적인 특색을 홍보하는 창구로는 적절치 않습니다만, 만약 내가 특정한 소수의 이용자에게 어필하기 좋은 퍼스널 컬러를 가지고 있다면 이를 알리기에 트위터만 한 공간이 없습니다.

저는 여기에 유튜브를 추가하고 싶습니다. 그리고 추천합니다.

물론 다른 SNS에 비해 진입 장벽이 다소 높습니다. 하지만 만약 퍼스널 브랜딩에 유튜브를 활용할 수 있다면 다른 상담자에 비해 경쟁력에서 우위를 점할 수 있습니다. 그 이유는 각 SNS를 어떤 식으로 사용하는지를 생각하면 쉽게 알 수 있습니다.

어떤 방식으로 SNS를 소비하는지 파악하라

네이버 블로그는 대표적인 '검색형' SNS입니다. 무언가 궁금한 정보가 있을 때, 찾고 싶은 내용이 있을 때 검색하면 거기에 해당하는 다양한 블로그 글이 나오고, 그중 하나를 클릭하여 정보를 보게 되죠. 그 정보가 유익하다면 블로그 내 다른 글을 더 볼 수 있지만 대개 원하는 정보를 알고 나면 그것으로 끝입니다.

'내가 찾던 정보를 얼마나 적절하고 신뢰도 있게 알려 주었는가?' 이게 네이버 블로그가 경쟁력을 가지는 방법입니다.

반면, 트위터, 페이스북, 인스타그램은 '구독형' SNS입니다. 아무리 많은 글을 올려도 팔로우한 사람이 적으면 노출이 되지 않습니다. 대신 어떤 글이 좋아요로 호응을 받는 순간 많은 사용자에게 노출이 됩니다. 노출이 많이 될수록 팔로우 수가 높아질 확률이 커지죠. 그렇게 팔로우가 되면 그들에겐 내가 올린 글이나 사진이 계속 노출이 되죠.

'내가 올리는 콘텐츠가 얼마나 매력적인가? 그래서 계속 보고 싶게끔 만드는가?' 이게 구독형 SNS가 경쟁력을 가지는 방법입니다.

제가 유튜브를 추천하는 이유는 유튜브가 검색형과 구독형의 특징을 동시에 가지고 있기 때문입니다. 제 나이 또래의 경우 모르는 게 있으면 바로 네이버 검색창을 열었습니다만, 요즘은 유튜브에 들어갑니다. 원하는 정보를 담고 있는 영상을 발견하면 그것을 봅니다. 여기까진 검색형 SNS죠. 하지만 영상에서 어떤 매력을 발견한다면, 그래서 다음 영상도 보고 싶어진다면 '구독' 버튼을 누릅니다. 구독형 SNS가 된 셈입니다.

구독자가 많아야 하지 않나요?

유튜브에서 성공하는 기준이 무엇일까요? 대부분 구독자 수 혹은 조회수를 따집니다. 하지만 이는 전업 유튜버에게나 해당하는 말입니다. 그들 입장에선 조회수가 높아야 그만큼의 수익이 따라오기에 당연하죠. 하지만 이는 유튜브를 주요 수입원으로 여길 때 해당합니다. 전업 유튜버가 될 게 아니라면 유튜브 자체로 얻는 수익이 적어도, 심지어 마이너스 수익이라도 상관없습니다. 당신은 당신의 색깔을 나타내고 알리는 용도로 유튜브라는 SNS를 활용하고 있으니까요. 수익을 위한 공간이 아니라 투자를 위한 공간이라는 뜻입니다. 이 투자의 뜻이 멋진 촬영 장비, 화려한 편집, 유명한 게스트라고 생각하면 부담되어서 시작하기 어렵습니다. 안심하세요. 아닙니다. 당신이 유튜브를 위해 투자할 건 브랜드 아이디어를 구상하고 구현할 시간입니다.

저는 개인상담보단 집단 프로그램 및 심리학 강의를 진행하고 있기에 '그럼에도 불구하고' 상담 신청을 하는 내담자에게 계기를 물어봅니다. 이 상담을 선택한 이유가 무엇인지. 그러면 내담자들은 이런 얘기를 합니다.

"예전에 다른 상담자 선생님한테 상담을 받았었어요. 그런데 오히려 상담 과정에서 상처를 받았어요. 아무데서나 상담받으면 안 된다는 걸 너무 늦게 안 거죠. 그래서 검색도 하고 유튜브도 찾고 하다가 선생님 채널을 알게 되었어요. 영상을 보니 공감도 되고 위로도 되었는데 그러다 문득 선생님한테 상담을 받고 싶다는 생각이 들었어요."

그래서인지 제가 만나는 대부분의 내담자는 기존에 심리상담을 받아 본 경험이 있었습니다. 그 경험을 바탕으로 심리상담에 대해 보다 진중하게 정보 검색을 했던 분들입니다. 이렇게 성사된 상담관계는 초기상담부터 매우 빠르고 안정적으로 진행됩니다. 만약 상담에도 진도가 있다면 영재 교육하듯 빠르게 쑥쑥 나아가는 셈이죠.

심리상담이 필요해서 만난 '아무' 상담자가 아닌 '내가 선택한' 상담자라는 점, 이미 유튜브를 통해 다양한 영상을 보며 내적 친밀도와 신뢰감이 높아진 상태에서 상담이 시작되었다는 점, 영상에 남긴 내용이라면 다시 설명할 필요 없이 인용하면 된다는 점 등이 그 이유 아닐까 합니다.

실력 있는 좋고 유능한 상담자가 되기 위해서 수련을 게을리하지 않아야 합니다. 동시에 내담자로 하여금 '상담 받고 싶은' 상담자가 되려면 자신이 어떤 상담자이고 무슨 매력을 가지고 있는지 어필할 수 있는 셀프 브랜딩이 필요합니다. 유튜브는 그 브랜딩에 매우 적절합니다.

유튜브 운영을 수월하게 해 주는 다양한 조건을 살펴볼까요?

- 보다 쉽게 원하는 목표를 달성하도록 도와주는 조건
  - 돈이 많다(편집자를 고용하여 콘텐츠 제작 시간을 아끼고 퀄리티를 높일 수 있다).
  - 목소리가 좋다.
  - 외모가 잘 생겼다 혹은 예쁘다.
  - 언어 구사력이 뛰어나다 혹은 센스 있다.

- 장기적으로 브랜드를 운영하는 데에 유리한 조건
  - 다양한 경험을 많이 했다.
  - 개인 스토리가 많다.
  - 언어 구사력이 뛰어나다 혹은 센스 있다.

- 퍼스널 브랜딩을 함에 있어 필수적인 조건
  - 재미를 추구해야 한다.
  - 일희일비하지 않아야 한다.
  - 자기 가치관이 확실해야 한다.
  - 성실함과 간절함이 있어야 한다.

어떻습니까? 여러분은 여기에 해당하나요? 그렇다면 망설일 필요 없습니다. 일단 시작하세요.

저는 저를 노출하고 싶지 않아요. 다른 방법은 없나요?

아무리 생각해도 유튜브 운영에 자신이 없다면 다음 추천하는 방법은 책 쓰기입니다. 만약 자신만의 생각과 이론을 책으로 집필한 상담자와 그렇지 않은 상담자 중 누구에게 상담받을지 고를 수 있다면 대부분 전자를 고를 것입니다. 내용은 당연히 중요합니다. 하지만 책은 내용에 앞서 '무언가를 써서 책으로 냈다.'는 자체로 막대한 신뢰감을 줍니다. 즉, 상담심리사로서 전문성을 드러내는 가장 확실한 수단인 셈입니다.

상담심리사도 사람이기에 모든 상담을 전부 잘할 수는 없습니다. 자신 있는 주제, 주로 사용하는 기법, 상담자만의 가치관과 철학이 있고 상담 역시 그것의 영향을 받습니다. 청소년상담에 관심이 있다면 청소년의 심리를 이해할 수 있는 책 혹은 청소년과의 상담 사례를 모은 책(물론 내담자에게 동의를 받고)을 낼 수 있습니다. 육아, 직장, 부모, 가족, 노인, 특수시설 그 어디라도 마찬가지입니다. 이런 책이 있다면 내담자 입장에서도 앞으로 나를 상담해 줄 상담자가 어떤 스타일인지 알고 상담에 임하는 마음의 준비를 할 수 있습니다. 결과적으로 더 편하게 상담관계를 형성합니다.

책을 쓰기엔 부담스러워요

'책. 그 많은 분량을 내가 쓴다고?'

이런 생각에 아무래도 압도되기 마련입니다. 저도 마찬가지입니다. 하지만 이렇게 생각해 보면 어떨까요? 학부생일 때 대학원 석사 선배님을 보면 대단해 보입니다. 아는 것도 많고 하는 일도 많고 무언가 대단한 분위기를 풍깁니다. 하지만 본인이 석사가 되고 나면 압니다. 생각보다 별거 없다는 것을. 물론 실제로 별거 없다는 말이 아닙니다. 막상 내가 그 상태가 되고 나면 생각했던 것만큼 대단하고 어려운 자리가 아님을 알게 된다는 뜻입니다.

책도 마찬가지입니다. 아직 써 보지 않았기에 커 보일 뿐, 의외로 집필도 출판도 비교적 간단합니다. 통하는 주제의 글을 모아 놓으면 그게 책이 되지 않겠어요? 그래서 책을 쓰고자 하는 분에게 저는 브런치 스토리 작가 등록을 추천합니다. 브런치 스토리는 '글이 작품이 되는 공간'이라는 캐치프레이즈로 수많은 일반인이 작가 신청을 하여 자기만의 글을 써 올리는 사이트입니다. 물론 아무나 글을 쓸 순 없습니다. 작가 신청을 하여 내부 기준을 통과한 사람만이 글을 쓸 권한을 얻게 되죠. 그러다 보니 당연히 올라오는 글의 퀄리티가 높은 편입니다. 정확한 내부 규준을 알 수는 없지만, 글을 얼마나 잘

쓰는가보다는 작가 신청을 하는 사람이 어떤 개성과 가능성을 가지고 있는지에 더 집중하는 걸로 보입니다. 즉, 지금까지 안내한 퍼스널 브랜딩만 제대로 따라오셨어도 브런치 스토리 작가가 될 수 있습니다.

저의 첫 번째 책에 대한 이야기를 하겠습니다. 그 책도 브런치 스토리 연재 덕에 세상의 빛을 볼 수 있었으니까요. 첫 시작은 어느 대안학교에서 진행했던 32주 차 심리학 수업이었습니다. 수업을 진행할 강의안이 필요했지만 전공서를 쓰기엔 너무 어렵고 대중서 중에는 마음에 드는 게 없었어요. 제가 잘 할 수 있고, 쉽게 설명할 수 있는 내용은 아무래도 제 머릿속에서 나와야 할 것 같았습니다. 결국 그런 고민 끝에 나온 것이 '처음부터 끝까지 내가 만드는 강의안'이었고, 그렇게 수업을 위한 강의안을 만드는 과정에서 브런치 스토리의 도움을 받았습니다.

작성한 내용을 대중이 쉽게 이해할 수 있어야 학생들도 익힐 수 있지 않겠어요? 그래서 내용을 브런치 스토리에 올리고 그 반응을 통해 수정/보완을 거쳐 수업을 했습니다. 그 결과는 매우 성공적이었습니다. 근데 그렇게 연재를 하던 중 출판사에서 연락이 왔습니다. 제가 쓰고 있던 브런치 스토리 글을 책으로 만들고 싶다는 내용이었습니다.

책 쓰는 거 어렵지 않습니다. 그 순간이 올 때까지 꾸준하고 성실하게 나의 글을 모아 놓기만 하면 됩니다. 색깔이 뚜렷하고 매력 있는 글을 쓰다 보면 출간 문의나 협업 문의가 자연스럽게 따라옵니다.

물론 제가 운이 좋았을 뿐, 모두에게 이런 좋은 기회가 오진 않을 겁니다. 혹은 그 기회가 오기 전에 내가 지칠 수도 있습니다. 하지만 기회가 오지 않아도 괜찮습니다. 조금 아쉬울 뿐입니다. 만약 출판사에서 러브콜이 오지 않더라도 나의 책을 낼 수 있습니다. 브런치 P·O·D라는 주문형 출판 시스템도 갖춰져 있기에 나 스스로 책을 만들고 정식 책으로 등록할 수 있습니다.

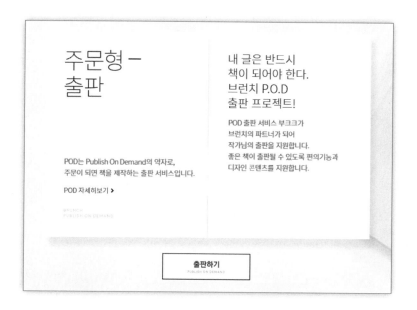

즉, 나에게 자신 있고 평소 쓰고 싶었고 내 색깔을 잘 나타내는 글을 주제에 맞게 꾸준히 써 간다면 반드시 출판이라는 성과를 얻을 수 있습니다.

행동하는 사람만이 성과를 낸다

유명한 우스갯소리입니다.

> 복권 당첨을 꿈꾸며 평생 매일같이 신에게 기도를 올렸던 한 사내가 있었습니다. 기도한 지 40년째 되는 날 드디어 하늘이 열리고 신이 나타났습니다. 이제 복권에 당첨이 되는 거냐고 묻는 사내에게 신은 이렇게 대답했습니다.
>
> "그래, 너의 노력은 가상하지만 너는 복권에 당첨될 수 없다."
>
> 이 말을 들은 사내가 실망과 분노로 신을 쏘아붙였습니다.
>
> "아니 그게 도대체 무슨 말씀입니까? 저는 평생을 신에게 지극정성으로 기도를 올렸습니다. 그런데 복권 당첨이 안 된다니요. 그럼 굳이 그 말을 하려고 저에게 직접 나타나신 겁니까?"
>
> 사내의 화난 목소리 뒤로 신이 답답해하며 말했습니다.
>
> "복권에 당첨되려면 우선 복권을 사야지! 안 산 복권을 어떻게 당첨시켜 주겠니?"

열매를 심어야 수확을 할 수 있습니다. 일어나지도 않은 일을 미리 불안해하고 있을 바엔 차라리 실패하더라도 시도해 보는 편이 낫습니다. 창업을 꿈꾸고 있다면, 독립을 원한다면, 나만의 특색을 살려 상담을 하고 그것을 알아주는, 나아가 나를 찾아 주는 내담자를 만나고 싶다면 퍼스널 브랜딩으로 나를 적극적으로 알리세요. 그 어떤 플랫폼이라도 괜찮습니다. 내 성향에 맞고 전략적으로 알맞은 창구를 찾아 그 안에 나의 색깔을 넣을 수 있다면 그게 곧 시작입니다. 그렇게 쌓아 올릴수록 견고해지고 뚜렷해진 여러분만의 브랜드가 여러분을 아직 만나지 않은, 혹은 나중에 만나게 될 예비 고객과 친밀감을 형성할 테니까요. 또한 시작부터 높은 신뢰도를 바탕으로 당신만의 상담을 해 나갈 수 있고, 사전 정보 제공을 제공했으니 내담자 역시 더 빠르고 안전하게 심리적 안정상태에 도달할 수 있습니다.

퍼스널 브랜딩이 누구나 할 수 있는 쉬운 일이라고 하진 않겠습니다. 목표를 확고히 세울 수 있는 자기 이해, 그것을 꾸준히 해 나갈 근면성, 그 과정에서 흔들리지 않을 뚝심, 다만 피드백을 경청하며 적극적으로 수용하는 유연성이 있어야 가능하니까. 허나 이를 달리 생각해 봅시다. 이 글을 보는 당신이 쉽지 않은 이것을 해낼 수 있다면 그 누구보다 유리하고 유능한 지점에 달성할 수 있다는 뜻이 됩니다.

도전할 만한 가치가 있지 않나요?

퍼스널 브랜딩의 실제

앞서 나만의 브랜드를 찾아가는 과정을 다뤘다면, 이번 파트에선 나만의 브랜드를 타인에게 선보일 수 있는 방법론을 다룹니다. 퍼스널 브랜드를 만드는 것 이상으로 그것을 어떻게 선보일지가 중요하니까. 우선, 브랜드를 효과적으로 담아낼 콘텐츠가 무엇인지 보겠습니다.

앞서 소개한 유튜브를 위해서는 영상 편집을 할 수 있어야 합니다.

인스타그램 등의 SNS를 활용하려면 멋진 사진을 찍거나 그림을 그릴 수 있어야겠죠.

네이버 블로그를 쓰려면 쉽게 읽히는 글쓰기 감각이 필요합니다.

즉, 퍼스널 브랜드를 효과적으로 홍보하는 수단은 책(글), 그림, 영상입니다. 여러분은 이 중 자신 있는 게 있나요? 저는 그림을 그릴 수 있습니다. 초등학교 3학년에 처음 그리기 시작할 때는 소위 졸라맨이라 불리는 그림이었으나, 이후 꾸준히 연습하여 지금은 12권 분량의 방대한 만화를 연재할 정도가 되었습니다. 연재를 하기 위해선 편집이 필요했고, 그걸 위해 편집 프로그램을 사용하였기에 간단한 포토샵 작업도 할 수 있습니다.

글도 씁니다. 심리학 전공을 살린 대중 심리서는 물론이고, 59개의 단편이 수록된 소설집도 출판하였습니다. 잘 쓰는 편은 아니지만 머릿속의 상상을 글로 구현하는 정도는 충분히 가능합니다.

영상 편집도 할 수 있습니다. 유튜브 채널을 만들기 전에 인터넷 검색으로 대충 기술을 익힌 후 시작했고, 채널 운영 기간이 쌓이며 자연스레 편집 기술이 늘었습니다.

물론 이것만으로 부족함을 느낄 때도 있습니다. '음원 제작 프로그램을 사용할 수 있다면 나만의 음악으로 브랜드의 개성을 살릴 수 있을 텐데' '건축, 인테리어 모델링 프로그램을 사용할 수 있다면 영상에 쓸 나만의 특색 있는 배경을 만들어 아이덴티티를 구축할 수 있을 텐데' '3D 프린팅 기술이 있다면 브랜드에 맞는 굿즈를 제작하여 이용자에게 독특한 각인 효과를 줄 수 있을 텐데' 등 아쉬운 걸 하나씩 꺼내다 보면 끝이 없습니다.

여기까지 읽으면서 어떤 생각이 드나요?

'배부른 소리하네. 너는 그렇게 많은 걸 할 수 있으면서도 부족하다고 불평하냐? 나는 그림, 소설, 영상 편집 그런 거 하나도 할 줄 아는 게 없어. 너는 그런 능력을 가졌으니까 시작도 할 수 있었던 거야.' 혹시 이런 생각이 들었나요? 만약 그렇다면 미안한 말을 해야 할 것 같습니다. 그렇게 생각하고 있기에 여러분이 아무것도 할 줄 아는 게 없는 겁니다.

앞서 말한 그림, 글, 영상 편집 중 그 무엇도 전문적으로 배우고 시작하지 않았습니다. 저는 그저 제 머릿속에 있는 것을 구현하여 다른 사람에게 공유하고 놀고 싶었습니다. 그래서 다짜고짜 수첩 하나를 꺼내 볼품없는 그림을 그리기 시작했습니다. 글도 마찬가지입니다. 제가 글을 잘 쓴다는 생각은 하지 않습니다. 오히려 못 쓰는 축에 가깝습니다. 문장 구조도 간결하지 않고, 동어 반복도 많습니다. 누구에게 내놓기 부끄러울 때도 많습니다. 그러나 꾸준히 씁니다. 쓰고 싶은 게 있으니까. 영상 편집은 말할 것도 없습니다. 앞에서 말했듯 블로그 검색 몇 번 하며 간단한 조작을 익혔고, 이후에도 막히면 그때마다 검색해 가며 새로운 기술을 익혔습니다. 전반적으로 제가 가진 능력은 퀄리티가 떨어지고 엉성합니다. 만약 제가 '하고 싶긴 한데 나는 그림을 그릴 줄 모르잖아.'라고 생각하며 마음을 접었다면 지금 어떻게 되었을까요? 저의 장편 만화도, 소설 책도, 유튜브 채널도 존재하지 않았을 겁니다.

여러분의 성공적인 콘텐츠를 위한 첫 번째 Step은 '대기만성'이 아니라 '시도 그리고 실패'입니다. 엉성해도 상관없습니다. 시도하며 조금씩 보완하면 됩니다. 완벽함을 내려놓아야 성장이 시작됩니다.

이제부터 소개할 소프트웨어는 그 엉성한 시작을 조금씩 뒷받침해 줄 수 있는 보조 무기들입니다.

이것과 함께하면 보다 쉬운 자막 작업이 가능하다

네이버 클로바노트

출처: https://clovanote.naver.com

심리상담 강의를 듣거나 진행했을 때 그 내용의 음성 파일을 텍스트 버전으로 가질 수 있다면 내게 엄청난 자산입니다. 실제로 많은 책이 강의 내용을 엮어 정리하는 방식으로 출판됩니다.

군이 출판이 아니라도 음성을 문서화하면 내가 필요할 때 언제든 내용을 검색하여 쉽게 활용할 수 있습니다. 네이버 클로바노트는 이런 필요를 적절하게 해결해 줍니다. 상당히 유용하게 쓸 수 있죠.

활용법도 간단합니다.

① 네이버에 클로바노트를 검색한 뒤 다운로드합니다.
② 자신의 네이버 계정으로 로그인을 합니다.
③ 대화를 실시간으로 텍스트로 저장할 수도 있고, 예전에 녹음해 둔 음성 파일을 글로 변환할 수도 있습니다.

④ 각 문장마다 다시 들으며 간혹 있는 오타를 수정하면 완성!

→ 장거리 운전을 하며 낭비되는 시간이 아깝다면 운전 중에 콘텐츠를 녹음 하세요. 나중에 클로바노트를 활용하여 변환한다면 나는 운전하면서 책 을 쓴 것과 다름없습니다.

→ 강의를 나갈 일이 있다면 꼭 녹음 파일을 남겨 두세요. 나중에 보면 '내 가 이런 말을 했다고?' 할 정도의 좋은 콘텐츠들을 남길 수 있습니다.

브루(Vrew)

출처: https://vrew.voyagerx.com

유튜브 채널을 운영한다면 자막은 필수입니다. 특히 심리상담을 주제로 한 영상이라면 십중팔구 자막이 필요할 겁니다. 그럴 때 대 사 하나하나를 자막으로 써야 한다면 영상 제작 시간이 끔찍하겠죠? 하지만 Vrew를 이용한다면 영상 속 음성을 한순간에 자막으로 입힐 수 있습니다. 단순히 자막뿐 아니라 이미지, 효과음, 배경 음악 등도 넣을 수 있어 이 프로그램만으로도 간단한 영상 편집이 가능합니다.

① Vrew 홈페이지에 들어가 설치 파일을 다운 받은 뒤 설치합니다.

② 실행 파일을 연 뒤 자막을 입히고자 하는 동영상 파일을 드래 그하여 자막 작업을 시작한다.

이렇게만 하면 끝입니다. 물론 로그인을 하지 않으면 영상에 자막을 입히는 시간에 제약이 있으니 회원가입을 하는 게 좋습니다. 회원가입이 무료이기 때문에 부담 없이 사용할 수 있습니다.

포토샵을 몰라도 이 프로그램만 있으면 간단 해결!

미리캔버스

출처: https://www.miricanvas.com

예전에는 발표 자료 만들기 위해 인터넷에 PPT 템플릿을 검색하였습니다. 하나씩 일일이 다운로드 해서 확인하고, 마음에 안 들면 지우기를 반복했어요. 템플릿도 개인 자산이기에 아무리 무료 템플릿이라 해도 블로그에 포스팅을 공유하거나 비밀 댓글을 달아야 하는 등 수고스러움이 많았습니다.

하지만 미리캔버스를 쓰면 이런 불편함에서 벗어나 보다 많은 템플릿을 한눈에 보고 선택할 수 있습니다. PPT, 카드뉴스, 웹 포스터, 유튜브 배너 및 썸네일, 인스타그램용 이미지는 물론 문서 서식이나 브랜드 로고 등 거의 모든 분야의 템플릿이 있어 그 활용도는 무한에 가깝습니다.

물론 부분 유료화라서 결제하지 않으면 사용할 수 없는 템플릿도 있지만, 무료 템플릿도 많아 충분히 사용할 수 있어요. 부담스럽지 않은 가격이라 템플릿 사용을 자주 한다면 유료 결제도 괜찮은 선택입니다.

tip 💡

→ 내가 만든 템플릿을 누군가에게 공유할 수도 있기에 작업 파일을 일일이 나눠 주지 않아도 공동 작업이 가능합니다.
→ 기존 템플릿이 단조롭다면 배경, 색, 요소 등을 변경하거나 옮겨서 나만의 느낌으로 사용할 수 있습니다.

이미지는 어디서 구할 수 있나요?

Pixabay

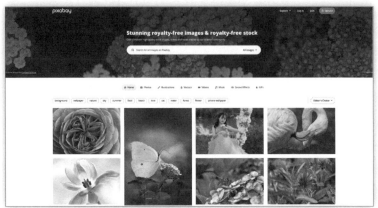

출처: https://pixabay.com

인터넷에 떠도는 이미지를 무턱대고 활용했다간 저작권 문제에 얽힐 수 있습니다. 이럴 땐 Pixabay라는 제작 소스 공유 사이트를 활용하시면 됩니다. 무료 이미지 소스 공유로 유명하지만 이미지뿐만 아니라 일러스트, 영상 파일, 음악 파일, 효과음에 움직이는 이미지(gif)까지 다양하게 구할 수 있습니다. 미리캔버스와 마찬가지로 부분 유료화이기에 더 많은 자료를 얻으려면 유료 결제가 필요하지만 무료 이미지의 퀄리티도 결코 낮지 않습니다. 단점이라면 외국 사이트이기 때문에 한국의 감성에 맞지 않는 소스가 많다는 거지만, 열심히 찾다 보면 분명 찾을 수 있습니다. 자료가 굉장히 많으니까요.

→ 해외 사이트라서 한글 검색이 안 됩니다. 영어에 약하다면 온라인 번역 사이트의 도움을 받아 보세요. 처음에는 어렵지만 익숙해지면 쉬워집니다.

→ 영상 편집을 한다면 무료 영상 소스를 적극 활용하세요. 멈춰 있는 이미지보다 영상을 사용할 때 시청자의 집중력을 높일 수 있습니다.

Flaticon

출처: https://www.flaticon.com

마찬가지로 외국 사이트입니다. 하지만 여긴 Pixabay와는 다른 매력을 가지고 있습니다. 이곳에서는 아이콘을 취급합니다. 다양한 인물, 물건, 직업, 상황 등을 담은 아이콘을 구할 수 있는데 이 역시 그 활용도가 상당합니다.

영상 편집은 아무래도 고급 기술이 필요하지 않나요? 네, 아니에요

굉장히 많은 영상 편집 프로그램은 굉장히 많습니다. 저는 Adobe Premiere Pro 시리즈를 사용하는데 방송이나 영화 편집에서도 이 프로그램을 사용하는 사람이 있습니다. 저는 걸음마 단계라서 엉성한 결과물이 나오지만 그 활용도에 따라서 굉장한 작품이 나올 수도 있다는 뜻입니다. 재밌는 건 영상 프로그램마다 가지고 있는 특성과 활용도가 다르기에 하나의 영상을 편집할 때에도 두세 가지 이상의 프로그램을 활용한다는 점입니다. 즉, 내가 만들 콘텐츠 영상에 부합하는 특성을 가진 편집 프로그램을 만날 수 있다면 편집도 그리 어렵지 않습니다.

카메라가 쉴 새 없이 움직이고 장면 변환이 잦다면 몰라도 심리상담 퍼스널 브랜딩을 위한 영상은 간단합니다. 영상 구간 자르고 붙이기, 배경음악 및 효과음 넣기, 적절한 영상 혹은 이미지 넣기, 자막 넣기에서 추가 혹은 감소되는 정도일 텐데 우리는 이미 이 소스를 어디서 구하는지 알게 되었잖아요?

저는 영상 구간을 자르고 붙이는 작업은 Adobe Premiere Pro를 활용하고, 특수 효과, 특수 자막, 장면 전환, 효과음 및 배경음악 삽입 등의 작업은 Movavi Video Editor Plus 2021을 사용하고 있습니다. 화면을 보시면 알겠지만, 복잡한 명령어 없이 GUI(그래픽을 이용해 소통하는 방식) 기반 툴이기에 눈으로 보면서 쉽게 작업할 수 있습니다.

출처: https://www.adobe.com

기술의 발전은 항상 전문가의 특권에서 아마추어의 활용으로 흐른다

이상 제가 활용하고 있는 소프트웨어를 소개해드렸습니다. 하지만 제가 꼭 정답이라고 할 수 없습니다. 시간이 흐를수록 새로운 기술이 생깁니다. 산업시장에 큰 충격과 그만큼의 파장을 만들고 있는 Chat GPT도 그렇고, 3D AI 이미지를 활용하여 가상의 캐릭터를 만드는 기술도 있습니다.

더욱 고무적인 건, 전문가가 아니어도 충분히 제작하고 활용할 수 있을 정도로 쉽고 간편하다는 사실입니다. 그러니 나를 효과적으로 알릴 수 있는 방법을 찾았다면 성급하게 포기하지 않았으면 합니다. 잠깐만 시간을 내세요. 검색하면 생각보다 쉽게 그것을 구현할 수 있는 방법을 구할 수 있습니다. 기술의 발전은 항상 전문가만 사용할 수 있는 복잡한 형태에서 누구나 쉽게 사용할 수 있는 간편하고 경량화된 방식으로 흐릅니다.

찾아보세요. 여러분도 할 수 있습니다.

예술에 나를 던지라

느꼈을지 모르겠습니다. 퍼스널 브랜딩은 나를 파악하고, 나를 알리기 위해 전략을 짜고, 전략에 맞는 창구를 찾아, 적절한 결과물을 만드는 종합 예술에 가깝습니다. 완벽하게 할 수 있는 사람은 그 누구도 없습니다. 부족하면 부족한 대로 해 나갈 뿐입니다.

재밌는 건, 이 어렵고 복잡한 과정을 거치며 상담자인 내가 이전에 없었던 새로운 성장을 할 수 있다는 사실입니다. 전 퍼스널 브랜딩이 상담실이나 연구실에서 얻을 수 없는 활동형 수련과정이라는 생각까지 합니다. 당연한 얘기지만, 이 과정을 성공적으로 해냈든 그렇지 않든 당신은 이전보다 좀 더 경험치가 쌓인 상담자가 되어 있을 겁니다.

만약 당신이 목적 없이 나 잘났다는 얘기만 하고 싶어 하는 사람이라면, 미래 대비에 간절함이 없다면, 노력과 고민 없이 저절로 되기를 바란다면, 퍼스널 브랜딩의 과정에서 만나는 수많은 관계와 상황에서 별다른 감사함을 느끼지 않는다면, 퍼스널 브랜딩을 추천하지 않습니다. 해 봤자 실패할 것이고, 혹여 성공한다 해도 당신의 브랜드를 취급할 내담자들에게 악영향이 갈 테니까.

만약 그렇지 않다면, 명확한 목적을 가지고, 미래 대비에 간절하며, 내가 한 고민을 바탕으로 노력하는 그 모든 과정에 감사할 수 있다면 강력히 추천합니다. 당신이라는 매력 있는 브랜드를 꼭 꾸미고 알리기를.

03

상담센터
개업과 운영

개업을 권하는 이유

이 책을 구매하신 여러분은 아마도 심리상담센터 개업을 꿈꾸고 있는 분일 것 같습니다. "언젠가 개업을 할 거야."라고 말하는 동료/선후배 선생님들을 지금까지 정말 많이 보아 왔습니다. 그런 선생님들 중에서는 현실적인 이유로 개업을 하지 못한 경우도 많았지만, 사실 대부분의 경우 개업에 대한 막연한 불안으로 도전조차 하지 못한 경우가 더 많아 보였습니다. 실제로 개업에 도전한 사람은 극소수에 불과했고, 저 또한 그 극소수 중 한 명으로 개업에 도전하였습니다. '이게 맞나?'라는 생각과 큰 두려움을 안고 시작했지만, 지금은 다행스럽게도 꽤나 안정적으로 자리를 잡은 것 같습니다.

지금의 저는 주변 사람들에게 개업을 적극적으로 권하고 있습니다. 상담센터를 개업해 보니 정말 여러 가지 유익함이 많다는 것을 온몸으로 깨달을 수 있었기 때문입니다. 저는 상담센터를 개업하는 것이 내담자에게도 이롭고, 상담자에게도 이로우며, 나아가 상담 산업, 사회적으로도 유익하다고 생각합니다. 이번 장에서는 상담센터 개업을 권하는 이유를 내담자, 상담자, 사회적인 측면에서 이야기해 보도록 하겠습니다. 개업을 꿈꾸고 계신 선생님들께서 조금은 두려움을 내려놓고 용기를 내는 데 도움이 되었으면 하는 바람입니다.

상담센터 개업을 권하는 이유: 내담자의 측면에서

포털 사이트나 SNS에서 '심리상담'을 검색해 본 적이 있나요?

아마 전공자라면 정신이 혼미해지고 한숨이 푹 나왔을 겁니다. 우선, 절반 이상은 '상담심리사 자격증 4주만에 취득하는 법' 같은 괴상한 자격증 정보가 나올 것이고, 나머지는 알 수 없는 유사 상담 업체에서 올린 홍보글, 나머지는 일부 센터(주로 프랜차이즈)에서 올린 체험단, 기자단 글일 것입니다. 심리상담 자체에 대한 정보나 우리가 알고 있는 상담 정말 잘하시는 A선생님에 대한 정보는 눈을 씻고 봐도 찾을 수 없습니다.

상담을 받고자 하는 예비 내담자(이하 내담자) 입장에서는 어떨까요?

내담자는 선택을 하기 더욱 어렵습니다. 인터넷에 올라와 있는 어떤 센터의 정보를 보았을 때 광고 같기도 하고, 반신반의하지만 그래도 그 센터를 갈 수밖에 없습니다. 다른 대안이 없기 때문입니다. 그렇게 찾아간 상담센터가 '좋은' 센터라면 정말 다행입니다. 그러나 안타깝게도 해로운 센터에서 해로운 상담 경험을 하는 경우도 정말 많은 것 같습니다. 더욱 안타까운 것은 상담에 대한 정보 자체가 부족하기 때문에 그 상담이 해로운 것인지조차 모르는 경우가 더 많다는 점입니다. '상담이 원래 이런 건가 보다' 하면서 말이죠.

저는 내담자들이 본인의 마음을 누구에게 믿고 맡길 것인지를 선택할 수 있도록 도울 필요가 있다고 생각합니다. 그렇게 하기 위해서는 준비된 좋은 상담자들이 개업 상담현장으로 뛰어들어 자신을 알리고, 심리상담을 알리고, 본인의 심리상담센터를 알려야 합니다. 그런 노력들을 통해 바른 정보를 제공하고 내담자가 선택의 기회를 넓힐 수 있도록 도와야 합니다.

외국에서는 마치 주치의처럼 '나의 상담 선생님'이 있는 경우가 많습니다. 그래서 언제나 내가 원할 때, 그곳에 가면 나의 상담 선생님을 만날 수 있는 거지요. 그러나 우리나라에서는 그것이 사실상 어렵습니다. 대부분의 상담 선생님들이 기관에 일정 기간 계약직의 형태로 근무하는 경우가 많아서 이직이 잦기 때문입니다. 예전에 좋은 경험을 했던 내 상담 선생님을 찾으려면 여러 가지 경로로 수소문을 하는 수밖에 없습니다. 대학교 1학년 때 학생상담센터에서 만났던 상담 선생님과 4학년 때 다시 상담을 하고 싶어도 그 선생님을 만나지 못합니다. 선생님은 이미 계약이 만료되어 다른 기관으로 이직을 했기 때문입니다. 내담자는 새 상담 선생님과 새롭게 관계를 맺는 것도 걱정되고, 했던 얘기를 모두 처음부터 다시 해야 된다는 것이 답답하고 부담스러워서 상담받는 것을 포기하게 됩니다. 게다가 무료 상담 세팅의 경우 회기 제한이 있는 경우가 많습니다. 내담자가 상담을 더 하고 싶어도 10~12회기 정도의 '초단기'로 상담을 종결해야 합니다. 물론 이 정도 기간으로도 도움을 받을 수는 있지만, 뭔가를 깊고 진득하게 다루기에는 매우 부족한 시간입니다.

개업 상담은 이러한 한계들로부터 비교적 자유로울 수 있는 환경입니다. 내담자의 의향만 있다면 상담자와 합의하여 얼마든지 원하는 만큼 상담을 받을 수 있습니다. 또한 센터가 폐업하거나 이사를 가지 않는 한, 내 상담 선생님을 이곳에서 언제든지 다시 만날 수 있습니다. 상담이 종결되어도 언제든 나에 대해 잘 알고, 날 응원하는 사람을 만날 수 있다는 느낌은 내담자의 심리적 적응에 큰 도움이 될 것이 분명합니다.

또한 개업 상담자가 많아질수록 내담자가 양질의 상담서비스를 경험할 수 있는 가능성 또한 점점 높아질 것이라 생각합니다. 개업 상담자는 개업을 하는 순간 다른 상담센터들과 경쟁의 상황에 놓이게 됩니다. 이때부터는 정말 살아남아야 하는 경쟁이 시작되는 거지요. 경쟁에서 살아남기 위해서는, 그리고 먹고 살기 위해서는 상담을 더 잘 하려고 노력할 수밖에 없습니다. 모든 분야가 그러하듯 실력이 부족하고, 고여 있으면 결국 썩게 되고 살아남을 수 없기 때문입니다. 그렇게 개업 상담자는 반강제적으로라도, 생존을 위해서라도 상담자로서 본인을 더욱 열심히 갈고닦을 수밖에 없습니다. 그것이 내담자들에게는 더욱 양질의 상담서비스로 이어질 것임은 자명한 일이라고 생각합니다.

상담센터 개업을 권하는 이유: 상담자의 측면에서

상담자 개인의 측면에서도 개업을 하는 것은 여러 가지 이점이 있습니다. 상담자 개인의 측면에서 개업을 권하는 이유는 크게 두 가지입니다.

첫째, 먹고살기 위해서입니다.

상담심리사의 처우가 얼마나 열악한지는 두말 하면 입 아플 정도로 모든 선생님이 공감하는 문제일 것입니다. 기관 소속 상담자의 경우 열악한 처우에도 불구하고 일자리 자체가 부족하기 때문에 울며겨자 먹기 식으로라도 근무를 할 수밖에 없습니다.

제 개인적인 이야기를 하나 덧붙일게요. 저희 집은 저와 아내 모두 상담심리사입니다. 결혼을 준비할 시기에 저와 아내는 모두 대학 상담센터에서 근무하고 있었습니다. 그 당시 결혼 준비 과정에서 느꼈던 경제적인 불안과 두려움은 지금 생각해도 아찔합니다. 급여가 적으니 대출을 받기도 어렵고, 대출을 받는다고 한들 지금 수입으로 이자를 갚으며 살 수 있을지에 대해 너무나도 두렵고 비참한 마음이 들었습니다. 정말 그 시기를 생각하면 지금도 눈물겹습니다.

상담자가 되기 위해 투자한 시간과 비용을 차치하고 보더라도 상담자의 수익과 처우는 매우 열악합니다. 기관 입장에서는 그러한 열악한 환경이라도 일하려고 하는 상담자가 줄을 섰으니 처우개선에는 그다지 관심이 없습니다. 정말 악순환이지요.

상담센터를 개업한다는 것은 내가 나의 일자리를 창출하는 것입니다. 수익도 내가 일하는 만큼 벌어 갑니다. 물론 상담센터를 개업한다고 해서 무조건 높은 수입이 보장되는 것이 아니며, 오히려 최소수입은 보장되지 않습니다. 그러나 기관 소속의 계약직으로 상담을 하는 것보다 개업 상담에서 높은 수입을 기대할 수 있는 것은 분명합니다. 가령, 기관 소속의 계약직 상담자가 200만 원의 월급을 받고 일한다면, 개업 상담에서는 8~9사례만 꾸준히 진행할 수 있다면 그 정도의 수입은 충분히 보장이 됩니다(회기당 8만 원으로 계산했을 시). 무엇보다 기관 소속 계약직 상담자는 연차가 쌓여도 급여의 상승을 기대할 수 없습니다. 비슷한 수준에서 물가상승률이 조금 반영되는 정도이지요. 그러나 개업 상담은 본인의 역량에 따라 너 높은 소득을 기대할 수 있습니다. 잘 알고 계시겠지만 '희망'이 우리의 웰빙에 주는 영향은 매우 큽니다.

둘째, 역량 강화를 위해서입니다.

많은 상담자가 역량 강화의 필요성을 느낍니다. '사람의 마음'이라는 정답도, 끝도 없는 영역을 다루기 위해 우리는 정말 끝없이 공부할 수밖에 없습니다. 가끔은 정말 '아직도 더 배워야 돼?'라는 생각과 함께 "지긋지긋하다."라는 말이 절로 나오기도 합니다. 그렇지만 기관 소속 계약직 상담자가 역량 강화에 투자를 하기에는 여러 가지 한계가 있습니다. 교육비에 충분히 투자할 정도로 급여가 충분치 않으며, 시간도 부족합니다. 그래서 역량 강화는 '퇴근 후, 없는 돈을 쪼개서' 하는 수밖에 없습니다. 그러다 보면 안타깝게도 역량 강화가 뒷전으로 밀리는 경우가 생기기도 합니다. 그리고 역량 강화에 힘을 쏟지 못하는 스스로를 자책하기도 합니다. '나는 상담자로서 자격 미달이야.'라면서요.

센터를 개업하면 어떻게든 역량 강화가 우선순위가 될 수밖에 없습니다. 아무리 홍보를 번지르르하게 잘해도 본질적으로 상담 실력이 뒷받침되지 않으면 현장에서 살아남기 어렵기 때문입니다. 즉, 개업 상담자에게 역량 강화는 생존의 문제와 직결되는 아주 중요한 문제라는 것입니다. 개업 상담현장은 1급 선생님이 2급 선생님보다 잘 살아남는다는 것을 보장할 수 없습니다. 자격보다는 실제 상담 실력이 좋아야 살아남습니다.

개업 상담에서는 내담자의 스펙트럼도 아주 넓습니다. 대학상담센터는 대학생이 찾아오고, 청소년상담복지센터는 청소년이 찾아옵니다. 기업상담에서는 직장인이 찾아옵니다. 그러나 개업 상담센터에는 '모든' 내담자가 찾아옵니다. 이런 다양한 배경, 다양한 증상의 내담자와 좋은 상담을 진행하기 위해서는 역량 강화를 하지 말라고 해도 할 수밖에 없습니다. 그리고 앞서 말했던 경제적인 여유를 통해 역량 강화에 더 많은 투자를 할 수도 있습니다. 저 역시도 예전에는 시간적/경제적 여유가 없어서 참여할 엄두도 못 냈던 교육들을 센터 개업 후 들을 수 있게 되었을 때 정말 뿌듯했고, 개업하기를 너무 잘했다는 생각이 들었습니다.

상담센터 개업을 권하는 이유: 상담 산업, 사회적인 측면에서

심리상담을 '시장'의 관점으로 살펴보면 심리상담은 수요와 공급이 모두 많은 시장입니다. 이제는 식상할 정도로 자주 들리는, 우리나라가 OECD국가 중 자살률 1위를 15년째 지키고 있다는 사실이나 10~30대 사망순위 1위가 자살이라는 것만 보아도[*] 심리적인 어려움을 겪고 있고 전문적인 도움을 필요로 하는 사람들이 얼마나 많은지를 충분히 알 수 있습니다. 이러한 사회적 분위기에서 심리상담의 중요성이 대두되고 있습니다. 게다가 심리상담은 AI가 대체할 수 없을 것이라는 기대와 함께 심리상담을 공부하고 상담자가 되는 사람도 많아지고 있습니다. 대학에서도 심리상담 관련 학과를 신설하거나 상담심리대학원을 세워서 이러한 흐름에 발맞추고 있습니다. 그

---

[*] 생명존중시민회의(2022). 2022 자살대책 팩트시트.

래서 해마다 수많은 상담자가 배출되고 있는 상황입니다. 즉, 심리상담 산업은 수요도, 공급도 모두 많습니다. 그런데 안타깝게도 심리상담 산업의 특징 중 하나는 수요자는 공급자를 만나기 어렵고, 공급자는 수요자를 만나기 어렵다는 점입니다. 내담자는 상담자를 찾기 어렵고, 상담자는 내담자를 만나기 어려운 것입니다. 이러한 현상이 생기는 이유는 수요와 공급에 비해 시장 자체가 너무 작기 때문입니다. 비유하자면 유전이 많고 자동차도 많은데 주유소가 너무 적은 셈이지요.

이러한 상담업계의 현장은 사업가들에게는 '돈냄새'가 나는 곳일 수밖에 없습니다. 음식점과 소비자를 연결해 주는 배달 어플들이 성공한 것처럼, 상담 장면도 넘쳐 나는 상담자들과 내담자들을 연결해 주기만 하면 대박이 나기 때문입니다. 그래서 크고 작은 수많은 사업가 또는 사업체에서 상담센터, 각종 플랫폼을 비롯한 심리상담 관련 사업에 뛰어들고 있습니다. 이러한 상황이 상담 시장이 넓어진다는 측면에서는 반갑지만, 심각한 문제가 있습니다. 바로 심리상담의 질적 저하가 발생한다는 것입니다. 앞서 말씀드린 것처럼, 상담 시장은 공급이 이미 충분하기 때문에, 이런 업체의 입장에서는 상담자에게 충분한 보수를 제공할 필요가 없습니다. 어차피 일할 사람은 많기 때문입니다. 따라서 상담자에게 불리하거나 매우 열악한 형태로 채용을 하게 되고, 일자리가 없는 상담자들은 울며 겨자 먹기로라도 일을 할 수밖에 없습니다. 배달 플랫폼이 폭리를 취해도 음식점 사장님들이 어쩔 수 없이 배달 플랫폼에 등록할 수밖에 없는 것처럼 말입니다. 그렇게 되면 상담자는 생계를 위해서 일을 더 늘릴 수밖에 없습니다. 본인이 감당할 수 없을 정도의 많은 사례를 진행하기도 하고, 상담에 올인해서는 생계유지가 안 되니 다른 일을 병행하기도 합니다. 게다가 슈퍼비전, 세미나, 워크숍, 스터디 등 직업적 역량 계발을 위해 필요한 활동에 경제적/시간적으로 투자하는 것이 불가능해지기도 합니다. 이러면 당연히 잘 훈련받은 상담자라 하더라도 상담의 질적 저하가 생길 수밖에 없습니다. 게다가 심리상담을 할 수 있는 사람에 대한 명확한 법적 테두리가 없다는 점을 악용하여, 충분한 교육과 훈련을 하지 않은 자들이 자행하는 상담(이하 유사상담)까지 더해지면서, 최근에는 상담 시장이 양적으로는 팽창하고 있으나 질적으로는 하향 평준화가 되어 가고 있는 것 같습니다.

질적으로 좋지 않은 상담을 제공하는 것은 상한 음식을 파는 것만큼, 혹은 그 이상으로 위험한 일이라고 생각합니다. 심리상담을 찾아오시는 분들은 많은 경우 말 그대로 '동아줄 잡는 심정'으로 상담센터를 찾습니다. 그 동아줄이 부실하고 썩어 있으면 내담자 분들은 추락할 수밖에 없습니다. 그때 느낄 좌절감과 절망감은 이루 말할 수 없을 것입니다. 게다가 '심리상담받으러 갔다가 더 상처만 받고 왔다.' '큰맘 먹고 상담 갔는데 별거 없더라.'라는 경험과 후기가 쌓이면 상담 시장 전반에 대한 부정적인 사회적 인식이 생길 것은 자명합니다.

그래서 잘 훈련된 상담자들이 개업 상담에 보다 많이 진출할 필요가 있습니다. 개업 상담자가 직접 홍보하고 모객하면 중개업체가 없이 내담자를 직접 만날 수 있기 때문에 앞서 말한 상담자의 처우 문제, 상담의 질적 저하 문제를 상당 부분 해결할 수 있을 것입니다. 더불어, 준비된 상담자가 안정된 세팅에서 양질의 상담서비스를 제공함으로써 심리상담에 대한 사회적 인식이 긍정적으로 형성되는

데 기여할 수 있을 것이라 생각합니다.

1인 상담센터로 시작하는 것을 권하는 이유

이제 상담센터를 개업하고 싶은 마음이 조금 더 생겼나요? 당장 큰 공간을 계약하고 으리으리한 센터를 차리고 싶은 마음이 들 수도 있지만, 아직은 아닙니다. 상담센터를 개업한다면 우선 1인 상담센터로 시작하는 것을 권합니다. 시작부터 여러 명의 상담자를 고용하거나 동업의 형태는 추천하고 싶지 않습니다. 1인 상담센터로 시작하는 것을 추천하는 이유는 두 가지입니다.

첫째, 센터 운영자로서 경험을 쌓을 수 있기 때문입니다.

모든 자영업에서 통용되는 말이지만 사장님은 '다 할 줄 알아야' 합니다. 식당 사장님 본인이 직접 음식도 만들고, 서빙도 할 수 있어야 주방장을 고용하고 직원을 뽑았을 때 명확하게 업무를 지시하고 관리할 수 있기 때문입니다. 상담자도 마찬가지입니다. 상담센터의 센터장은 상담자이면서 동시에 사장님입니다. 우리는 상담자로는 일해 봤지만 기관을 운영해 본 적은 없습니다. 유료 상담센터를 운영해 본 적은 더더욱 없습니다. 그렇기에 유료 상담센터 운영을 위한 A~Z까지를 우선 모두 알아야 하고 부딪히며 경험해 봐야 합니다. 나부터 센터 운영에 대한 지식이 없는 상태인데 다른 상담자를 고용하거나 동업을 하게 되면 업무 배분도 어렵고 주먹구구식으로 센터가 운영될 수밖에 없습니다.

1인 상담센터로 상담을 시작하면 정말 많은 것을 스스로 해야 합니다. 센터를 개업한다고 하면 상담, 행정만 하면 된다고 생각하시는 분들이 많은데요. 그렇지 않습니다. 청소, 설거지, 검사결과지 채점, 정수기 통 교체, 화분에 물 주기, 상담 시트지 만들기와 같은 사소한 모든 것을 직접 해야 합니다. 생전 해 본 적 없는 홍보도 해야 하고, 들어오는 문의에 대한 CS도 해야 합니다. 심지어 예전에는 회사에서 알아서 해 주던 연말정산도 없어지고 종합소득세를 직접 신고해야 합니다. 생각보다 여러 가지 일을 해야 한다는 사실에 '멘붕'이 올 수도 있습니다. 그러나 분명한 건, 이 과정에서 굉장한 경험치가 쌓이고 센터 운영에 대한 감을 잡을 수 있게 된다는 것입니다. 더욱이 상담자/운영자의 두 가지 역할 사이를 오가는 연습도 충분히 해 볼 수 있습니다.

어바웃심리상담센터도 2019년 말에 원룸 오피스텔에서 1인 상담센터로 시작했습니다. 그리고 2021년 대기실과 2개의 방이 있는 공간으로 옮기고 아내가 합류하여 2인 상담센터가 되었습니다. 2022년부터는 다른 객원 선생님들까지 채용하였으며, 2023년에는 상담실 8개를 갖춘 공간으로 다시 한번 확장이전을 했습니다. 만약 제가 처음부터 선생님들을 채용하고 지금 같은 규모로 상담센터를 시작했다면 분명히 망했을 거라고 확신합니다. 이는 비유하자면 마치 수련과정을 이제 막 시작한 상담수련생이 처음부터 10명의 내담자와 상담을 시작해야 되는 것과도 비슷한 셈입니다.

1인 상담센터 개업을 권하는 두 번째 이유는 아주 현실적인 측면의 것입니다. 바로 망했을 때 리스크가 적기 때문입니다.

규모 있는 센터를 개업하려면 당연히 투자금이 많을 수밖에 없습니다. 인테리어 비용부터 해서 보증금, 월세 등이 매우 많이 발생할 것이고, 홍보, 인력 등 신경 써야 할 것들이 산더미처럼 많을 것입니다. 이런 과정을 간소하게 하기 위해 프랜차이즈 센터를 알아보면 그만한 창업비용이 필요하고, 기존 센터를 인수하려면 권리금이 필요합니다. 물론 그렇게 투자해서 센터를 시작하더라도 안정적으로 잘 운영되기만 하면 아무 문제가 없습니다. 규모가 큰 만큼 수익도 클 것이며 투자금도 금방 회수할 수 있기 때문입니다. 그러나 모든 자영업이 그러하듯, 상담센터 역시 얼마든지 망할 수 있음을 염두에 두어야 합니다. 이런 안타까운 상황이 발생했을 때 대형센터는 손실이 더 클 수밖에 없습니다. 하이리스크 하이리턴인 셈입니다.

상대적으로 1인 상담센터는 망하더라도 리스크가 적습니다. 오피스텔에서 시작할 경우 인테리어 비용도 거의 들지 않고, 보증금도 월세도 상대적으로 저렴합니다. 냉난방 시설이나 냉장고가 빌트인 되어 있는 경우도 많습니다. 어바웃심리상담센터를 처음 개업할 때 초기비용은 1,500만 원이었습니다. 그중 1,000만 원은 보증금이었고 약 100만 원은 첫 달 월세와 관리비였습니다. 별다른 인테리어도 거의 필요 없었습니다. 조립식 책장을 인터넷으로 구매하여 직접 조립했고, 거기에 집에 쌓여 있던 전공서적들을 채워 넣었습니다. 간판은 필요하지 않아서 현관문에 붙일 고무자석 현판을 2만 5천 원에 구매했습니다. 중고나라에서 프린터를 구매하고 집에서 쓰던 노트북을 센터로 옮겨 놓았습니다. 이처럼 매우 적은 비용을 투자해도 그럴싸한 상담센터를 만들 수 있었습니다.

프랜차이즈 상담센터의 초기 창업비용은 지역별 편차가 크겠지만 약 1억 원 정도인 것으로 알려져 있습니다. 만약 제가 프랜차이즈 상담센터를 개업하고 망했다면 1억 원의 손실을 봤겠지만, 어바웃심리상담센터는 망했어도 1,500만 원의 손실로 끝났을 것입니다.

어바웃심리상담센터 초기 개업 모습

개업의 과정

그럼 이제 1인 상담센터를 개업해 볼까요? 사실, 우리나라에서 상
담센터를 개업하는 방법은 아주 간단합니다. 지금 당장 세무서로 달
려가서 사업자 등록을 하기만 하면 됩니다. 현재 우리나라에서 상담
센터는 법적으로 허가제가 아니라 신고제입니다. 이는 누구나 아무
런 제약 없이 공간만 있다면 상담센터를 개업할 수 있다는 뜻입니다.

누구나 개업을 할 수 있지만 그렇다고 누구나 안정적으로 센터를
운영할 수 있는 것은 아닙니다. 진입장벽이 낮은 만큼 준비 없이 쉽
게 시작했다가 쉽게 망하는 경우도 많습니다. 경험적으로 봤을 때
상담센터를 개업했다가 실패하는 가장 큰 이유는 운영자가 상담자

로서의 실력, 경험이 부족할 때입니다. 개업 상담 시장은 정말 실력이 곧 생계인 현장입니다. 어느 분야나 매한가지겠지만 실력이 부족하면 결코 살아남을 수 없습니다. 그러나 충분한 실력과 경험을 갖춘 훌륭한 선생님들이 센터를 개업했으나 자리 잡지 못하고 실패하는 경우도 많습니다. 이런 경우 개업에 필요한 과정을 충분히 준비하지 않고 덜컥 부동산을 계약하고 사업자 등록부터 해 버린 경우가 대부분입니다. '일단 개업하고 몇 년 버티면 어떻게든 자리 잡겠지'라는 안일한 생각으로 개업을 했다가 그 몇 년을 버티지 못하고 실패하는 경우를 심심치 않게 접할 수 있었습니다. 실패의 위험을 최소화하기 위하여 다음의 7단계를 따라 개업을 준비할 것을 제안합니다.

1. 지역 선정하기
2. 센터 이름 정하기, 로고 만들기
3. 홈페이지 및 SNS 세팅
4. 부동산 알아보기
5. 초기 적응 계획 세우기
6. 부동산 계약하기
7. 사업자 등록

저 또한 이러한 7단계의 과정을 거쳐 개업을 준비했습니다. 이번 장에서는 이 7단계의 과정을 하나씩 자세히 들여다보고자 합니다.

물론 이 단계가 정답이라고 할 수는 없습니다. 사실, 7단계 중에서 '6. 부동산 계약하기' '7. 사업자 등록'만 해도 상담센터를 개업할 수 있습니다. 그럼에도 불구하고 이러한 7단계의 과정을 제안하는 이유는 개업에 따르는 위험(폐업)을 최소화하기 위함입니다. 충분한 준비 없이 덜컥 부동산부터 계약해 버렸다가 월세와 운영비를 감당하지 못하고 폐업하는 불상사를 막기 위해 다음의 준비 과정을 자세히 살펴보셨으면 좋겠습니다.

지역 선정하기

아무리 인터넷이 발달하고 비대면 문화가 활성화되었다고 해도 심리상담은 기본적으로 '대면'을 기본으로 하는 서비스입니다. 그래서 심리상담은 어디까지나 지역기반 서비스일 수밖에 없고, 따라서 심리상담센터를 개업할 때에도 적절한 지역을 선정할 필요가 있습니다.

적절한 지역을 선택함에 있어서 기본적으로 고려해야 할 조건은 다음의 네 가지입니다.

① 내가 잘 알고 있는 지역인가?
② 경제적 수준이 너무 떨어지지 않는 지역인가?
③ 내담자의 접근이 어렵지 않은 곳인가?
④ 출퇴근이 어렵지 않은 곳인가?

'① 내가 잘 알고 있는 지역인가?' 어떤 사업이든 마찬가지이겠지만 나에게 익숙하고 잘 아는 지역에서 개업하기를 권합니다. 현실적인 이유뿐 아니라 심리적인 이유에서도 그렇습니다. 개업을 한 것만으로도 낯선 경험을 하는 것인데, 그 지역마저 낯설면 심리적으로 더욱 불안해질 수밖에 없습니다. 적어도 점심시간에 자신 있게 갈 수 있는 맛집 1~2곳 정도는 알고 있는 동네에서 개업을 하면 좋겠습니다.

'② 경제적 수준이 너무 떨어지지 않는 지역인가?' 우리나라에서는 심리상담에 보험적용이 되지 않습니다. 그래서 소비자 입장에서 심리상담은 상당히 고가의 서비스일 수밖에 없습니다. 따라서 경제적 수준이 너무 낮은 지역은 피하는 것이 좋습니다. 물론 바우처 사업을 주력으로 활용할 센터라면 예외입니다.

'③ 내담자의 접근이 어렵지 않은 곳인가?' 차가 있어야만 올 수 있는 곳, 교외 지역 등은 피하는 것이 좋습니다. 상담을 받아 본 사람들은 알겠지만 아무리 상담이 좋아도, 상담을 가는 게 귀찮아질 때가 있습니다. 이때 접근성이 떨어지는 곳에 센터가 위치해 있다면 더더욱 가기 싫어질 수밖에 없습니다.

'④ 출퇴근이 어렵지 않은 곳인가?' 개업 상담자는 출퇴근이 불규칙합니다. 특히 개업 초반에는 하루에 단 한 사례를 진행하기 위해 출근해야 하는 경우도 많습니다. 이때 출퇴근이 너무 어려운 지역에 센터가 위치해 있다면 물리적·심리적으로 너무 부담스럽기 마련입니다.

이와 같은 기본적인 요건들과 더불어 본인이 개업하고자 하는 상담센터의 주요 대상에 따라 입지를 고려할 필요도 있습니다. 만약 상담센터의 주요 대상이 아동이라면 소형 평수의 아파트가 많이 밀집되어 있는 지역을 고려해 볼 수 있습니다. 소형 평수의 아파트에는 신혼부부가 어린 자녀와 함께 거주할 가능성이 높기 때문입니다.

대형 키즈카페가 위치한 지역도 좋습니다. 만약 청소년을 주요 대상으로 한다면 그들의 동선을 고려하여 학원가에서 가까운 지역을 선정할 수 있습니다. 성인들을 대상으로 한다면 구매력 있는 성인들이 많이 찾아올 수 있도록 사무실 밀집지역이나 번화가 인접지역을 고려해 볼 수 있습니다.

고려하고 있는 지역에 대한 정보를 알아볼 때 소상공인시장진흥공단에서 운영하는 소상공인 상권분석시스템(sg.sbiz.or.kr)을 활용해 보는 것을 추천합니다. 소상공인 상권분석시스템에서 '심리상담' 업종을 선택하여 정보를 찾아볼 수는 없지만, 내가 알아보고자 하는 지역의 유동인구를 성별, 연령, 시간대 등에 따라 자세히 알아볼 수 있습니다.

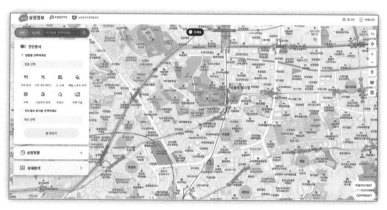

소상공인 상권분석시스템(sg.biz.or.kr)

마지막으로 해당 지역에서 이미 운영 중인 다른 상담센터들을 조사해 볼 필요가 있습니다. 네이버, 다음 등의 포털 사이트에서 지역 키워드(예: 안양, 안양시, 동안구, 범계, 범계역 등)와 상담 키워드(심리상담, 상담센터, 심리상담센터, 심리상담소, 심리치료 등)를 조합하여 다양하게 검색해 봐야 합니다(예: 안양 심리상담센터, 범계역 심리상담소, 동안구 심리치료 등). 이때 너무 좁은 지역에 너무 많은 상담센터가 운영되고 있지는 않은지, 프랜차이즈 상담센터들이 입주해 있는지 등을 확인해 보면 좋습니다. 해당 지역에 프랜차이즈 상담센터가 입주해 있다면 그 지역의 상권이 어느 정도 보장되어 있는 것임을 추론해 볼 수 있습니다.

어바웃심리상담센터의 개업지역을 선정할 때도 이와 같은 과정을 거쳤습니다. 먼저, 네 가지 기본 조건을 만족하는 5개의 후보지역을 선정했습니다. 그리고 소상공인 상권분석시스템을 통해 5개 후보지역의 유동인구를 분석했으며, 각 지역에 얼마나 많은 상담센터들이 운영 중인지, 프랜차이즈 상담센터가 입주해 있는지 등을 확인하였습니다. 이러한 과정을 거쳐 현재 경기도 안양의 범계역, 평촌역 인근을 센터 입지로 최종 선택하였습니다.

센터 이름 정하기, 로고 만들기

센터를 개업할 지역을 선정했다면 두 번째로는 예쁜 이름을 지어줄 차례입니다. 센터 이름은 한 번 정하고 나면 이후에 바꾸는 것이 쉽지 않습니다. 행정적으로는 사업자 등록만 새로 하면 돼서 어려운 일이 아니지만, 마케팅, 홍보의 측면에서 센터 이름을 바꾸는 것은 위험성이 매우 크기 때문입니다.

센터명은 정답이 없고 각자의 철학과 개성이 담긴 이름을 정하되, 다음의 몇 가지 사항을 고려했으면 좋겠습니다.

첫째, 너무 어렵고 긴 상호는 피하는 것이 좋습니다. 예를 들어, '내 마음이 따뜻한 심리상담센터'와 같은 센터명의 경우 철학은 있으나 고객의 입장에서는 기억하기가 몹시 복잡합니다. 입소문이 나기에도 너무 어렵고, 인터넷에서 검색을 하려고 해도 너무 깁니다. 입에 오르내리기 쉽고 검색하기도 쉬운 짧은 한 단어의 이름을 추천합니다. 만약 영어나 한자어를 사용한다고 해도 너무 어려운 글자보다는 누구나 알 만한 쉬운 단어를 사용하는 것이 좋겠습니다.

둘째, 종교적 성향, 특정 이론적 지향 등의 색깔이 너무 뚜렷하게 강조된 센터명은 피하는 것을 권합니다. 예를 들어, '홀리 기독영성상담센터' '김철민 정신분석연구소' 등의 센터명은 고객으로 하여금 해당 센터에 대한 불필요한 선입견을 갖게 할 수 있습니다. 더불어 '심리상담'이라는 분야 자체도 낯설 수밖에 없는 고객들의 접근을 더욱 어렵게 만들 수도 있습니다. 물론 그러한 '색깔'을 센터의 고유한 정체성으로 반드시 고수하고 싶다면 그런 이름을 선택할 수 있지만, 홍보의 측면에서 불리함은 감수하여야 할 것입니다.

셋째, '심리상담센터'라는 이름을 사용하길 권합니다. 많은 선생님들이 '센터'라는 이름이 조금은 거창하게 느껴져서, 혹은 개성 있는 이름으로 센터를 표현하고 싶은 마음에 '연구소, 상담소, 상담실' 등의 이름을 사용합니다. 어바웃심리상담센터도 처음에는 심리상담연구소라는 이름을 사용했습니다. 그러나 이것 역시 고객의 입장에서는 낯설고, 홍보의 측면에서는 불리합니다. 고객에게 익숙하고 쉽게 검색할 수 있는 '심리상담센터'라는 이름을 사용하는 것이 안정적일 수 있습니다.

마지막으로, 내가 생각한 상담센터의 이름으로 상표권을 등록한 기존 센터가 있는지 확인해 볼 필요가 있습니다. 이미 상표권이 등록된 이름과 동일한 센터명으로 개업을 했다가 해당 센터에서 문제 제기를 할 경우 그 이름을 사용할 수 없게 될 수 있습니다. 그런 일이 생기지 않도록 특허정보검색서비스(www.kipris.or.kr)에서 내가 원하는 센터명으로 상표권을 등록한 곳이 있는지 확인해 보고, 이름이 겹친다면 가급적 다른 이름을 사용하는 것이 안전할 것입니다.

특허정보검색서비스(www.kipris.or.kr)

센터명을 정했다면 로고를 만들어 놓으면 좋습니다. 다음 단계의 홈페이지 및 SNS를 세팅할 때 요긴하게 사용할 수 있기 때문입니다. 로고를 만들 때는 디자인 업체에 의뢰해서 유료로 제작할 수 있습니다. 다만, 처음부터 굳이 이런 곳에 비용을 지출하지 말고, 무료로 직접 제작해 보는 것을 추천합니다. 미리캔버스(www.miricanvas.com)나 캔바(www.canva.com) 등의 사이트에서 무료로 로고를 제작할 수 있으며, PPT로 적당히 만들어 보아도 좋습니다. 어바웃심리상담센터도 처음 1년간은 PPT에서 제가 직접 만든 로고를 사용했습니다.

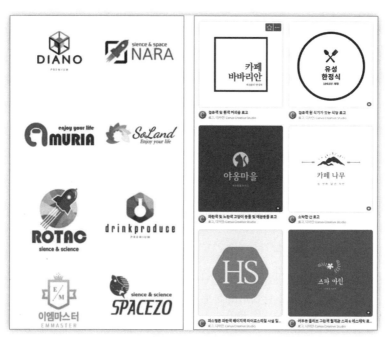

(좌) 미리캔버스, (우) 캔바에서 제공하는 로고 탬플릿들

홈페이지 및 SNS 구축

센터 이름을 정했다면 이제는 홈페이지 및 각종 SNS를 세팅할 차례입니다.

과거에 개업한 센터들은 별도의 홈페이지나 SNS 없이 운영되는 경우도 많았습니다. 그러나 이제는 홈페이지나 SNS 없이 센터를 안정적으로 운영하는 것이 사실상 불가능한 시대입니다. 과거에는 오로지 입소문에 의존하여 상담센터를 찾았다면, 이제는 방문 전 온라인에서 가능한 모든 정보를 수집한 후 상담센터를 찾기 때문입니다. 고객의 입장에서는 방문 전에 온라인에서 아무 정보도 찾아볼 수 없는 센터보다는 정보가 많이 있는 상담센터를 선택할 수밖에 없습니다. 어바웃심리상담센터가 안정적으로 자리 잡는 데 가장 큰 역할을 한 것이 바로 홈페이지와 SNS였습니다.

홈페이지는 앞서 언급한 로고와 마찬가지로 웹페이지 제작 업체에 의뢰하여 유료로 제작하는 방법이 있습니다. 그러나 이 또한 가급적이면 무료로 직접 제작해 보는 것을 추천합니다. modoo(www.modoo.at)를 활용하면 무료로 꽤나 깔끔한 홈페이지를 직접 만들 수 있습니다. 윅스(http://wix.com) 등의 다른 무료 홈페이지 제작서비스도 있지만 modoo를 추천하는 이유는 네이버에서 제공하는 서비스이기 때문입니다. 그래서 네이버에서 제공하는 다른 서비스들(네이버 스마트 플레이스, 네이버 톡톡, 네이버 예약 등)과 연계하기가 간편합니다. 더불어 네이버 스마트 스토어와 연계하면 센터에서 제공하는 여러 프로그램(심리상담, 집단상담 등)을 홈페이지에서 마치 온라인 쇼핑몰처럼 결제하도록 할 수 있습니다. 현재 어바웃심리상담센터 홈페이지도 modoo에서 제가 직접 제작하고, 네이버 스마트 스토어와 연계하였습니다(feelingcoun.com). 홈페이지에는 기본적으로 센터 및 상담자 소개, 프로그램 소개가 포함되어야 합니다. 프로그램을 소개할 때 가급적이면 비용을 꼭 게시하길 바랍니다. 많은 상담센터가 상담비용을 꽁꽁 숨기고 직접 전화를 했을 때만 비용을 알려 줍니다. 이는 고객과 운영자 모두에게 좋지 않은 방법이라고 생각합니다. 고객의 입장에서는 전화를 해야만 하는 부담이 생기기 때문에 접근을 더욱 망설일 수밖에 없고, 별도의 데스크 직원이 없는 초기 세팅의 상담센터 운영자에게는 비용만 물어 보고 끊는 문의 전화를 계속 받아야 하는 부담이 있기 때문입니다.

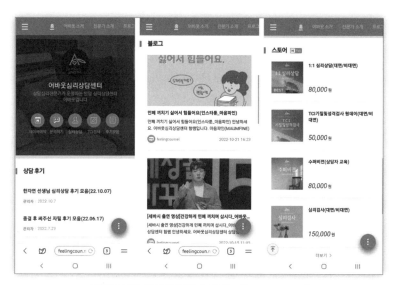

어바웃심리상담센터 홈페이지(feelingcoun.com)

홈페이지가 우리 센터를 소개하는 용도라면, SNS는 우리 센터가 얼마나 활발하게 잘 운영되고 있는지를 보여 주기 위해 필요합니다. 식당에 비유해 볼까요? 홈페이지가 그 식당의 간판, 메뉴판과 같은 '정적'인 정보를 제공한다면, SNS는 식당의 밝은 조명, 활발하게 움직이고 있는 종업원, 거리에 풍겨 나가는 음식 냄새, 가게 앞에 늘어서 있는 대기 줄과 같은 '동적'인 정보를 제공합니다. 그렇기에 상담센터의 홈페이지는 있는데 SNS가 운영되고 있지 않다면, 고객은 마치 불이 꺼져 있는 식당의 입구 앞에서 '영업 중인가?'를 고민하는 것처럼 상담센터의 문을 두드리는 것을 망설일 수 있습니다.

SNS의 종류는 굉장히 다양합니다. 다양한 SNS 채널을 최대한 많이 운영하면 좋겠지만, 현실적으로 그렇게 하는 것은 매우 어렵습니다. 그렇기에 그중에서도 네이버 블로그, 인스타그램, 유튜브, 브런치 정도를 고려해 볼 수 있습니다. 이 중에서 반드시 운영해야 하는 SNS는 네이버 블로그라고 생각합니다. 네이버 블로그에는 다양한 형태의 글을 적어 포스팅할 수 있습니다. 우리 상담센터에 대한 정보, 심리상담에 대한 정보, 상담자에 대한 소개 등 정보성, 홍보성 글을 모두 업로드할 수 있습니다. 게다가 네이버 플레이스(지도)와도 연동되기 때문에 우리 센터가 살아 숨 쉬고 있음을 보여 주기에 가장 좋은 SNS입니다. 블로그와 함께 서브로 운영할 만한 SNS는 인스타그램을 추천합니다. 블로그는 '글'이 핵심이라면 인스타그램은 '사진'이 핵심입니다. 블로그와 달리 긴 글을 써야 하는 부담이 적고, 잘 찍은 사진과 짧은 글 정도로 상담자의 철학과 감성을 표현할 수 있습니다. 유튜브는 영상을 찍고 편집하는 것이 대단히 고단하고 어려운 작업이지만 이후 강의가 의뢰될 수 있는 좋은 경로이기도 합니다. 브런치는 글쓰기를 좋아하고 향후 출판계획이 있다면 운영을 고려해 볼 만합니다(온라인 SNS를 활용한 홍보는 4장에서 좀 더 자세히 다루겠습니다).

상담센터 방문을 생각하고 있는 고객들은 이러한 SNS를 들여다보면서 해당 센터와 상담자에 대한 일종의 내적 친밀감을 쌓을 수 있습니다. 저의 경우 네이버 블로그, 인스타그램, 유튜브를 운영하고 있는데, 센터를 내방하시는 분들 중 이러한 SNS를 통해 찾아오시는 경우가 많습니다. 그러니 귀찮더라도 반드시 SNS를 운영하기를 바랍니다.

부동산 알아보기

이제 개업을 위한 단계에서 절반 정도 왔습니다. 이번 단계는 내가 개업하고자 하는 지역의 부동산 정보를 알아보는 단계입니다.

1단계에서 선정한 지역의 부동산들을 방문하며 발품을 파는 것이 가장 좋습니다. 그러나 물리적인 한계가 있기 때문에 네이버 부동산, 부동산 114 등의 사이트, 앱도 적극적으로 활용하면 좋습니다. 원하는 지역의 매물 특성, 금액대 등에 따라 지도에서 한눈에 물건들을 확인해 볼 수 있습니다.

개업장소로는 보통 상가와 오피스텔을 가장 많이 고려합니다. 상가와 오피스텔의 장단점은 다음과 같습니다.

	상가	오피스텔
장점	• 접근성이 좋다. • 공간 구성(레이아웃)을 자유롭게 할 수 있다.	• 초기 투자금이 적다. • (일반적으로) 보증금이 싸다. • 인테리어 비용(원상복구 포함)이 적다. • 소음문제가 상가에 비해 덜 하다. • 가전제품들이 빌트인 되어 있어서 별도의 탕비실이 필요 없다.
단점	• 초기 투자금이 크다. • (상대적으로) 보증금이 비싸다. • 권리금이 있는 경우도 있다. • 인테리어 비용(원상복구 포함)이 크다. • 인접시설에서 소음문제가 발생할 수 있다.	• 공간 구성(레이아웃)을 자유롭게 할 수 없다. • 상대적으로 접근성이 떨어진다. • 화장실이 호실 내에 있어서 불편하다. • 바우처 사업에 지원할 수 없다.

최근에는 공유오피스에 개업을 하는 경우도 많습니다. 공유오피스는 보증금이 적거나 아예 없는 경우가 많고, 각종 시설들(냉장고, 에어컨, 프린터 등)이 공용으로 구비되어 있으며, 시설이 세련되게 인테리어가 되어 있다는 장점이 있습니다. 하지만 대부분 유리로 칸막이가 되어 있어 방음 문제와 비밀보장의 문제가 있는 경우가 많습니다. 그리고 많은 사무실들이 공용으로 이용하는 공간이기에 내담자가 많은 사람들과 마주쳐야 한다는 부담감도 고려해야 합니다.

종종 본인 소유의 자택에서 상담센터를 오픈하는 경우도 있습니다. 초기 투자가 거의 없고 상담자에게 심리적으로 익숙한 공간에서 상담을 할 수 있다는 장점이 있습니다. 그러나 일과 생활의 경계가 붕괴된다는 단점이 있으며, 가정집이라는 공간이 주는 특성상 기관에 대한 신뢰도가 떨어질 수 있습니다.

이러한 특성들을 고려하였을 때, 처음 심리상담센터를 개업한다면 개인적으로 가장 추천하고 싶은 장소는 오피스텔입니다. 1인 심리상담센터를 운영할 때는 방이 여러 개일 필요도 없고, 굳이 따로 업체를 동원해서 인테리어를 할 필요도 없기 때문입니다. 처음 개업한 심리상담센터는 수익구조가 대단히 불안정할 수밖에 없기 때문에 초기 투자 비용, 유지 비용이 비교적 적게 드는 오피스텔에서 시작하는 것이 초기 적응의 부담을 줄일 수 있습니다. 이후 센터 운영이 안정화되면서 점차 넓은 평수, 넓은 상가로 이전하는 것을 추천합니다. 어바웃심리상담센터의 경우도 처음에 19평 원룸오피스텔에서 시작했습니다.

이 단계의 목적은 부동산을 바로 계약하는 것이 아닙니다. 초기 투자 비용, 월 고정 비용 등을 대략적으로 산출하기 위한 정보 수집이 목적입니다. 이 단계에서 적어도 본인의 예산에 맞추어 개업장소의 형태(상가, 오피스텔 등)와 평형대를 정하고, 그에 해당하는 보증금과 월세의 범위를 대략적으로 가늠하여 나름의 기준을 세울 수 있어야 합니다. 저는 어바웃심리상담센터를 개업할 때 이 단계를 통해 '오피스텔, 20평 전후, 보증금 1,000~1,500만 원, 월세 60~80만 원, 관리비 10~20만 원'이라는 기준을 세웠습니다. 따라서 초기 투자금은 1,000~1,500만 원 정도가 필요하며, 매달 고정적으로 70~100만 원의 고정 지출이 필요하다는 것을 정리할 수 있었습니다.

초기 적응 계획 세우기

앞 단계에서 대략적인 초기 투자 비용(보증금)과 월 고정 지출 비용(월세 등)을 가늠했습니다. 이제는 이를 바탕으로 오픈 초기 수입이 부족한 기간 동안 어떻게 적응할 것인가(어떻게 버틸 것인가)에 대한 계획을 세워야 합니다. 이러한 계획 없이 무작정 '개업하면 어떻게든 되겠지'라고 낙관하는 것은 매우 위험한 생각입니다.

개업 초기에는 어떻게든 외부에서 수입을 확보해야 합니다. 개업을 하자마자 나의 모든 시간과 에너지를 센터에 올인하는 것은 추천하고 싶지 않습니다. 물론 큰마음 먹고 개업했으니 빨리 자리 잡고 싶고, 그래서 더 열심히, 잘하고 싶은 마음이 들 수 있습니다. 그러나 다른 자영업도 마찬가지겠지만 아무리 상담 실력이 뛰어나고 홍보와 마케팅 능력이 출중하다고 해도 센터가 자리를 잡기 위해서는 필연적으로 어느 정도의 시간이 필요합니다. 그 기간 동안은 센터 운영을 통해 자체적으로 얻는 수입은 매우 부족할 수밖에 없습니다.

그 기간을 버티기 위해서는 외부에서 수입을 충분히 확보해야 심리적으로 덜 불안하고 덜 조급하게 센터를 꾸려 나갈 수 있습니다. 대학상담센터 객원상담사, 청소년동반자(YC), 다른 사설 유료기관에서 일할 수도 있고, 트로스트나 마인드카페, 지식인 엑스퍼트와 같은 플랫폼 상담도 적극적으로 활용해야 합니다. 상담 관련 업무로 수익을 낼 수 없다면 다른 아르바이트를 해서라도 반드시 외부 수입을 확보하길 바랍니다. 무엇이든 올인은 위험합니다.

어바웃심리상담센터의 개업을 준비할 때는 매달 고정 지출인 월세 60~80만 원은 어떻게든 외부 수입으로 충당하고, 관리비 10~20만 원만 센터 자체 수입으로 충당하겠다는 목표를 세웠습니다. 초반에는 일주일 중 4일은 외부 활동을 하고 3일만 센터에 출근했습니다. 센터 수입이 점점 늘면서 외부 활동 일수를 줄이고, 센터 출근 일수를 늘렸습니다. 결국 6개월 정도가 지났을 때 외부 활동 없이 자체 수입만으로 센터를 운영할 수 있는 상태가 되었습니다.

센터 자체 수입에 대해서도 구체적으로 생각해 봐야 합니다. 상담심리사라면 가장 자신 있는 프로그램은 당연히 '심리상담'일 것이고, 임상심리사라면 '종합심리평가'일 것입니다. 그러나 고객의 입장에서는 심리상담도 종합심리평가도 당장 시작하기에는 비용적·시간적으로 부담스러울 수밖에 없습니다. 더욱이 아직은 정보도 충분하지 않은 우리 센터에서 그런 부담스러운 비용을 지불하고자 하는 마음이 생기기 어려울 것입니다. 그렇기에 센터가 어느 정도 자리를 잡기까지는 심리상담, 종합심리평가보다 더욱 저렴하고, 흥미 위주의 프로그램을 1~2개라도 구성할 필요가 있습니다. 어바웃심리상담센터의 경우 커플 MBTI 검사 프로그램, 원데이 TCI기질 및 성격

검사 프로그램, 독서모임 등을 운영했습니다. 이런 프로그램들로 발생하는 수익은 매우 적지만, 적어도 이런 프로그램들을 통해 센터의 문턱을 많이 낮출 수 있었던 것 같습니다. 이런 프로그램들을 경험해 본 후 본격적인 상담을 신청한 경우도 많았습니다.

부동산 계약하기

이제는 부동산을 계약할 차례입니다. 부동산 계약을 많이 해 본 사람에게는 별일 아닐 수 있지만, 저를 비롯한 대다수의 사람에게는 거주용 주택도 아닌, 상업적 용도의 부동산을 계약하는 것은 아무래도 낯선 경험일 것 같습니다. 부동산을 계약하는 그 순간 거액의 투자(보증금)가 필요하고, 바로 정기적인 고정 지출(월세)이 발생하는 만큼 대단히 신중할 필요가 있습니다. 저도 부동산을 계약하는 날 손이 덜덜 떨렸던 기억이 있습니다.

4단계에서 정리한 기준에 부합하는 부동산 물건(이하 물건)을 발견했다면 바로 계약서에 도장을 찍는 것이 아니라, 다음의 사항들을 충분히 검토해 보아야 합니다.

- 근저당: 해당 물건에 근저당이 지나치게 많이 잡혀 있으면 이후 해당 물건에 문제가 생겼을 때 경매에 넘어가거나 복잡한 일이 생길 수 있으니 반드시 확인해야 합니다. 대법원 등기소에서 해당 물건에 대한 등기부등본을 발급하여 확인해 보기를 바랍니다.
- 소음 문제: 양 옆 호실, 위·아래층에 어떤 시설들이 위치해 있

는지, 특히 상가의 경우 이를 꼼꼼히 확인해 볼 필요가 있습니다. 무엇보다 소음 문제가 있을 만한 시설들(헬스클럽, 음악학원 등)이 있다면 아무리 다른 요소들이 모두 마음에 들더라도 절대 계약하지 않아야 합니다. 대로변에 위치한 물건일 경우 차량 소리가 크게 들려서 상담에 방해되지 않을지 체크해 보아야 합니다. 특히 아침, 점심, 저녁 등 다양한 시간에 방문하여 확인해 볼 것을 권합니다.

• 사업자 등록 가능 여부: 오피스텔의 경우 해당 물건에 사업자 등록을 할 수 없는 경우가 종종 있으니 부동산에서 꼭 확인해 보길 바랍니다.

• 월세, 관리비: 계약서상에 제시된 월세는 보통 부가세 별도이니 꼭 확인해 보고, 월세를 선불로 내는지, 후불로 내는지도 확인해 보아야 합니다. 관리비에 전기, 수도, 냉난방 등이 어디까지 포함되는지 확인해 보아야 합니다. 또한 월세와 관리비에 대해 세금계산서 발급이 가능한지도 미리 확인해 보는 것이 좋습니다.

• 화장실: 상가의 경우 공용화장실이 깨끗하게 운영되고 있는지, 오피스텔의 경우 화장실의 급수에는 문제가 없는지, 담배 냄새가 올라오지 않는지 등을 확인해 보길 바랍니다.

• 냉난방시설: 상가의 경우 냉난방 기기를 새로 설치할 때 큰 비용이 발생합니다. 특히 실외기를 어디에 놓을 수 있는지 확인해야 하는데, 실외기와 실내기의 거리가 멀면 배관 비용이 엄청나게 발생할 수 있습니다. 오피스텔의 경우 기존 설치된 에어컨 혹은 라디에이터를 사용할 수 있는지 확인해 볼 필요가 있습니다. 일부 상가의 경우 일정 시간 이후에는 냉난방 가동이 안 되

는 경우도 있으니 주의할 필요가 있습니다.

- 주차: 해당 건물에서 주차를 제공하는 방식을 확인해 보아야 합니다. 고정주차는 몇 대 가능한지, 방문객 주차의 경우 주차등록이 무료인지, 유료인지, 유료라면 가격은 얼마나 되는지 알아보아야 합니다. 만약 건물 내 주차가 어렵다면 인근 주차공간들에 대한 정보를 확인해 보아야 합니다.

- 하자 체크: 입주하기 전에 해당 물건의 원상태가 어떠한지 확인할 필요가 있습니다. 하자가 있는 부분을 꼼꼼히 확인하고 건물주에게 필요한 부분은 요청해야 하며, 그냥 사용하더라도 어느 영역에 어떤 하자가 있었는지 사진을 통해 남겨 놓는 것이 좋습니다. 계약 종료 시점에 원상복구를 할 때 논란의 여지가 될 수 있기 때문입니다.

- 계약서: 가능한 한 모든 사항은 구두 협의에서 그치는 것이 아니라 계약서상에 명시하는 것이 좋습니다(보통 '특약사항'에 많이 기재합니다). 계약서상에서 잘 이해가 안 가는 부분이 있다면 공인중개사에게 꼭 물어보고 확인하길 바랍니다.

사업자 등록

이제 사업자 등록만 하면 개업을 위한 모든 준비가 끝납니다.

사업자 등록은 국세청 홈택스(www.hometax.go.kr)에서 온라인으로 등록하거나, 관할 세무서에 방문하여 등록할 수 있습니다. 다만, 심리상담의 경우 정확히 분류된 업종코드가 없습니다. 그래서 인터넷으로 직접 등록하려고 할 경우 다소 혼란스러울 수 있기 때문에 가급적이면 직접 세무서에 방문하여 담당직원에게 확인하며 신청하는 것을 권합니다.

사업자 종류의 '업태'는 '서비스업'이고 '종목'은 '상담'입니다. 심리상담은 부가가치세가 면세되는 '면세사업자'로 등록할 수 있습니다. 면세사업자로 등록할 때 우리가 하는 업무가 '치료'나 '교육'이 아닌 '상담'이라는 것을 분명히 해야 합니다.

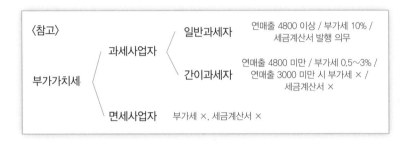

축하합니다. 이제 여러분은 개업 상담자가 되었습니다. 이제부터 여러분은 상담자이면서 동시에 기관 운영자입니다. 다음 절에서는 '운영'에 대한 이야기를 좀 더 자세히 나누어 보겠습니다.

운영 노하우

다른 분야 역시 마찬가지이겠지만 심리상담센터의 운영 역시 직접 부딪히면서 여러 시행착오를 통해 몸으로 익혀야 하는 과정입니다. 저 역시도 수많은 시행착오의 과정을 거쳤습니다. 그리고 지금도 여전히 시행착오를 반복하며 배우고 있습니다.

이번 절에서는 제가 이러한 시행착오들을 통해 익힌 운영에 대한 노하우를 전달하고자 합니다. 미리 말하지만 지금부터 제가 소개하는 운영 방식이 절대 정답이 될 수는 없으니 참고만 해 주셨으면 좋겠습니다. 운영자 개개인이 본인의 철학과 신념, 윤리의식을 바탕으로 센터를 운영해 나갔으면 좋겠습니다.

운영규정 1: 운영시간

센터를 운영하기 위해서는 운영에 관한 여러 가지 사항에 대해 운영규정을 정리해 놓을 필요가 있습니다. 주변에 센터를 오픈한 분들을 보면 이 부분을 놓치는 경우가 많습니다. 특히 1인이 운영하는 심리상담센터의 경우 비교적 유연하게 센터를 운영할 수 있기에 이 같은 운영규정의 필요성을 크게 느끼지 못하는 경우도 많습니다. 그러나 센터 운영에 대한 기준이 없는 상태로 센터를 운영하면 유연함을 넘어 주먹구구식의 운영이 될 수밖에 없습니다.

운영규정에서 제일 먼저 정리해야 할 것은 운영시간입니다. 물론 개업 초기에는 사례가 많지 않고, 어느 정도 자리를 잡고 나서도 예약이 되어 있는 시간에만 센터에 출근을 해도 괜찮습니다. 대부분의 문의사항 처리나 행정처리는 굳이 출근을 하지 않고도 할 수 있기 때문입니다. 그럼에도 불구하고 운영시간을 명확히 정해 놓아야 하는 이유는 두 가지입니다. 첫째, 고객들의 입장에서 본인이 원하는 시간대에 이 상담센터에서 상담을 받을 수 있는지 확인할 수 있게 하기 위해서입니다. 운영시간을 고지해 놓지 않으면 고객은 굳이 전화까지 해야 하는 불편함을 감수해야 합니다. 둘째, 상담자 본인의 일&생활, 센터 일&외부 일과의 균형을 위해서입니다. 특히 개업 초기에는 상담 예약 문의가 들어오면 그게 어느 요일, 어느 시간이든 맞춰서 상담을 진행하게 될 수 있습니다. 그러나 그것이 쌓이면 일과 생활의 균형이 무너지고, 하루의 시간을 굉장히 비효율적으로 쓰게 되어 결과적으로 다른 기회를 놓쳐 손실로 이어질 위험이 있습니다.

개업 초기에는 가능하다면 주말에도 운영을 하고, 평일 중으로 휴일을 만드는 것을 권합니다. 그리고 늦게 출근하더라도 가급적이면 야간까지 상담을 운영하는 것을 권합니다. 내담자 분들이 주말과 평일 야간에 상담 받는 것을 원하는 경우가 가장 많기 때문입니다. 어바웃의 경우 초반에는 토, 일, 화요일 오전 10시~오후 9시까지 운영을 했고, 수, 목, 금은 외부 일정 후 야간 상담을 운영했으며, 월요일은 휴무일로 정했습니다. 이후 센터 수입이 확보되면서 점점 외부 일정을 줄이고 센터 운영일수를 늘렸습니다.

운영시간과 관련하여 또 한 가지 고려할 사항은 상담 시간 사이의 간격을 충분히 확보해야 한다는 점입니다. 개업 상담자는 상담자 모드와 운영자 모드를 스위치할 필요가 있습니다. 그러나 개업 초기에는 그 스위치가 자연스럽게 왔다 갔다 하는 것이 익숙지 않습니다. 그렇기 때문에 상담이 끝나고 나면 밀려 있는 CS, 행정 업무를 처리하기 위한 시간을 확보할 필요가 있습니다. 어바웃의 경우 초반에는 상담 예약 가능 시간 사이에 1시간 간격을 두었습니다. 예를 들어, 1~2시, 3~4시, 5~6와 같은 형태로 상담을 진행했습니다. 그리고 2~3시, 4~5시에는 운영 업무를 했습니다. 이후 점차 운영이 익숙해지면서 1~2시, 2시 30분~3시 30분, 4시~4시 30분과 같은 형태로 간격을 줄였습니다.

운영규정 2: 상담비용

상담비용에 대한 운영규정은 단순히 회기당 상담비용을 얼마로 책정할 것인지에 국한되는 문제가 아닙니다. 여기에는 결제 방식이나 환불에 대한 기준이 모두 포함됩니다.

상담비용은 그 지역의 시세를 고려해야 합니다. 주변 지역에 위치한 상담센터들의 상담비용이 얼마인지 확인해 보시기를 바랍니다. 그리고 비슷한 금액으로 상담비용을 책정하시는 것이 가장 안전합니다. 나의 상담 실력에 자신이 있다고 해도 주변 시세보다 높은 금액을 책정하는 것은 위험합니다. 아무리 상담을 잘한다고 해도 고객들은 방문해 보기 전까지는 그 실력을 알 수 없습니다. 방문도 하기 전에 높은 비용의 장벽에 가로막혀 우리 센터를 선택하지 않을 확률이 높습니다. 또한 고객을 많이 확보하겠다는 마음으로 지나치게 낮은 상담비용을 책정하는 것도 위험합니다. 상담비용은 한 번 정해 놓으면 인상하는 것이 정말 어렵습니다. 게다가 상담센터 간 서비스의 질로 경쟁하는 것이 아니라 비용 경쟁을 하게 되면 결과적으로 상담의 질은 저하될 수밖에 없고, 우리의 가치를 스스로 낮추는 꼴밖에 되지 않습니다. 부디 주변 시세와 비슷한 비용을 책정하셨으면 좋겠습니다.

상담비 결제 방식은 선불, 후불에 대한 결정에서부터 시작됩니다. 저는 운영의 안정성 측면을 고려하여 선불 방식을 추천합니다. 어바웃의 경우 100% 사전예약제로 운영이 됩니다. 예약 시간을 조율하고 계좌이체나 홈페이지를 통해 입금, 결제가 확인되었을 때만 예약이 확정됩니다. 후불로 운영되는 경우 잦은 시간 변경과 무단 취소 등으로 운영상의 어려움을 겪을 수 있습니다. 현장결제를 원하시는 분들을 위해서 카드단말기도 하나 구입해 놓으면 좋습니다. 포털 검색창에 카드단말기를 검색하면 가맹료나 월 사용료 없이 5만 원 내외의 비용으로 한번 구매하여 계속 사용할 수 있는 장비들을 많이 찾아 볼 수 있습니다.

사설 유료상담 세팅에서는 환불과 관련하여 분쟁이 생기는 경우가 많습니다. 그렇기에 상담센터는 환불에 대한 명확한 규정이 필요합니다. 그리고 이를 내담자에게 분명히 고지하여야 합니다. 그래야 이후 분쟁이 발생했을 때 대응할 수 있습니다. 어바웃의 경우 예약일시 기준으로 24시간 전까지는 전액 환불이 진행됩니다. 그 이후로 당일 취소 및 시간 변경, 노쇼의 경우 환불이 불가하다는 규정을 처음부터 지금까지 유지하고 있습니다.

운영규정 3: 개인정보 보호 및 상담계약서

상담센터에서는 내담자의 수많은 개인정보와 민감정보를 수집하고 이용하게 됩니다. 비단 상담에서 나누는 대화 내용뿐만 아니라, 내담자가 상담신청서를 작성하는 순간부터 상담센터는 내담자의 개인정보를 수집, 이용하게 됩니다. 따라서 상담신청서를 작성하기 전에 개인정보의 수집 및 이용에 대한 동의를 받을 필요가 있습니다. 어바웃의 경우 상담신청서를 온라인으로 작성하는데, 첫 페이지에 개인정보의 수집 및 이용에 대한 동의를 받고 있습니다.

더불어 상담 과정에서 생길 수 있는 문제를 예방하고, 내담자와 상담자를 보호하기 위해 상담계약서를 작성하고 내담자와 상담자 모두 서명을 받아야 합니다. 상담계약서에는 상담자에 대한 정보, 상담에 대한 정보, 상담자의 권리와 의무, 내담자의 권리와 의무, 사무절차와 비용, 비상연락, 생명존중 서약 등의 사항이 포함되어야 합니다.

일정, 고객, 매출 관리

센터에서 진행 중인 상담 및 기타 일정을 관리하고 고객정보를 관리하기 위한 시스템이 필요합니다. 물론 사례가 매우 적은 초반에는 다이어리나 캘린더에 수기로 작성을 해도 충분합니다. 그러나 사례가 많아지고 다른 업무들이 많아지면 이러한 아날로그 방식은 분명히 한계가 생길 수밖에 없습니다.

그렇기에 처음에는 조금 어색하더라도 디지털 방식으로 일정 및 고객정보를 관리하는 것에 익숙해질 필요가 있습니다. 초반에는 무료로 사용할 수 있는 구글 캘린더와 구글 스프레드 시트를 사용하는 것을 추천합니다. 구글 서비스는 모두 컴퓨터와 모바일에서 사용이 되고, 자동으로 동기화가 됩니다. 구글 캘린더를 통해 일정을 정리하면 한눈에 일정 확인이 가능하며, 일정이 시작되기 전에 내가 원하는 시점(예: 1일 전, 30분 전 등)에 알림을 받을 수도 있습니다. 구글 스프레드 시트는 구글 설문지와 연동이 됩니다. 그렇기에 구글 설문지로 상담신청서를 받게 되면 자동으로 구글 스프레드 시트에 고객정보 데이터베이스가 만들어집니다. 또한 구글 스프레드 시트를 활용하여 매출 및 지출을 정리할 수도 있습니다.

사례가 많아지고 일정이 많아지다 보면 이러한 무료 서비스로도 한계가 느껴질 수 있습니다. 이때는 매달 일정한 비용을 지출하며 사용하는 유료 고객관리 프로그램(CRM)을 도입할 수 있습니다. 보통 월 2~3만 원대 비용이 발생합니다(업체별 상이). 이런 프로그램을 사용하면 하나의 프로그램 안에서 고객정보 관리, 예약 관리, 매출 관리를 더욱 간편하게 할 수 있습니다. 이런 유료 CRM 프로그램의 또 한 가지 장점은 고객들에게 알림 문자나 알림톡을 보낼 수 있다는 점입니다. 요즘에는 심리상담센터 전용 CRM 프로그램이 많이 출시되었으니 가격, 보안 등에 초점을 맞추어 비교해 보시고 사용해 보시기를 바랍니다.

세무 관리

심리상담센터는 매년 5월 종합소득세를 납부해야 합니다. 세무에 대한 기존 지식이 있는 분이라면 신고 과정을 스스로 할 수 있겠지만, 저처럼 세무가 익숙지 않다면 세무사에게 맡기는 것을 추천합니다. 종합소득세 신고를 대리로 맡기는 경우 비용은 보통 20만 원 선입니다(업체별 상이). 저도 첫해에는 이 비용을 아껴 보려고 직접 신고를 했고, 그다음 해부터는 세무사 분께 맡겼습니다. 그리고 수임료보다 세무사 분께서 절세해 주시는 금액이 훨씬 더 크다는 것을 알고, 첫해에도 수임하지 않은 것을 후회했습니다.

그렇기에 전문가에게 맡길 것은 맡기고 센터 운영과 상담에 더욱 집중하는 것을 권합니다. 다만, 별도의 사업자 통장과 사업자 카드를 만들어 지출, 수입을 한곳에 모아서 볼 수 있도록 하는 정도의 노력은 필요합니다.

안전 관리

소규모 상담센터, 특히 1인 상담센터는 상담자의 안전 문제에 어느 정도 취약할 수밖에 없습니다. 안전이 위협되는 상황에서 도와줄 수 있는 동료나 데스크 직원이 없기 때문입니다. 그렇기에 할 수 있는 범위 안에서 최소한의 안전을 확보할 필요가 있습니다.

가장 좋은 방법은 보안 업체와 계약을 하는 것입니다. 다만, 비용적인 측면에서 부담이 될 수 있습니다(월 5~7만 원 선). 차선책으로는 잘 보이는 곳에 CCTV를 설치하고 내담자에게 CCTV의 존재와 용도를 알려 줄 수 있습니다. 더불어 호신 스프레이 등의 호신장비를 구비하고 있을 것을 추천합니다. 핸드폰의 긴급 신고 기능을 활용할 수도 있습니다.

소통 채널

고객이 우리 센터에 대해 알아볼 때 홈페이지나 블로그 등에 게시된 정보 외에도 궁금한 점이 생길 수 있습니다. 이때 우리에게 보다 쉽게 접촉할 수 있는 소통의 채널을 확보할 필요가 있습니다. 일종의 '가상 고객센터'가 필요합니다.

전화도 훌륭한 소통 채널이지만 전화만으로는 불충분합니다. 전화를 해서 음성으로 소통하는 것 자체에 부담을 느끼는 분들도 많고, 개인 핸드폰 번호가 노출되는 것을 꺼리는 경우도 있습니다. 게다가 1인 센터의 경우 상담자가 상담을 할 때는 전화를 못 받는 경우가 정말 많습니다.

'네이버 톡톡' 서비스나 '카카오톡 채널' 서비스를 이용하는 것을 추천합니다. 둘 다 무료로 사용할 수 있는 채팅 서비스입니다. 고객들이 궁금한 점을 채팅으로 물어보면, 우리가 응답 가능한 시간에 확인하고 답변을 할 수 있습니다. 네이버 톡톡은 네이버의 각종 서비스(블로그, 플레이스 등)와 쉽게 연동이 가능하다는 장점이 있으며, 카카오 채널은 누구나 핸드폰에 깔려 있는 카카오톡을 활용하기 때문에 쉽게 접근이 가능하다는 장점이 있습니다.

어바웃의 경우 네이버 톡톡과 카카오톡 채널을 모두 운영하고 있습니다. 그리고 전화를 받지 못했을 때는 자동으로 네이버 톡톡이나 카카오톡 채널로 연결되는 링크를 문자 발송하고 있습니다.

접수면접

고객이 처음 센터에 방문하여 내담자가 되는 '첫 회기 상담(접수면접)'을 매력적으로 구성하기 위한 고민들을 많이 해 보았으면 좋겠습니다.

대부분의 고객은 처음부터 10회기, 20회기 상담을 받기로 결심하고 상담센터를 찾아오지 않습니다. 첫 회기 상담(접수면접)을 해 보고, 이 상담자, 이 센터가 나와 잘 맞을지를 가늠하여 상담 지속을 결정하게 됩니다. 이는 소비자로서 당연한 선택입니다. 그렇기에 우리는 고객이 첫 회기 상담에서 내담자로서의 첫 경험을 의미 있게 느낄 수 있도록 고민할 필요가 있습니다.

가령, '접수면접'이라는 개념은 상담자에게는 매우 익숙하고 당연한 개념이지만, 내담자에게는 그렇지 않습니다. 그냥 '심리상담 1회'일 뿐입니다. 그렇기에 우리가 수련과정에서 접수면접을 훈련 받았던 것처럼 횡적으로 넓은 정보를 탐색하는 데만 너무 치중을 하면, 고객의 입장에서는 '상담이 아니라 조사받는 것 같은' 느낌을 받을 수밖에 없습니다. 자연스럽게 우리 센터에서 상담을 지속하지 않을 것입니다. 조금은 다양한 정보 수집을 포기하고서라도 주 호소 문제에 대한 깊은 탐색과 공감이 필요하며 앞으로의 치료 계획에 대한 안내가 필요합니다. 또한 상담이 무엇을 하는 것이며, 상담에서 무엇을 얻을 수 있고, 얻을 수 없는지에 대한 친절하고 상세한 안내가 필요합니다. 병원에서처럼 간단한 척도 검사 등을 사전검사로 진행하는 것도 매력적이고, 의미 있는 첫 회기를 진행하는 데 도움이 될 수 있습니다.

그리고 접수면접에서 부디 '영업'을 하지는 않았으면 좋겠습니다. 상담이 정말로 필요하다고 생각하면 진심으로 권하고, 상담이 필요하지 않거나 다른 기관, 다른 치료가 더 적합하다고 판단되면 이를 권하시기를 바랍니다. 가령, 대학생이 센터에 방문했을 때 대학 내 상담센터의 존재를 아는지를 확인해 보면 좋겠고, 청소년이라면 교내 상담센터나 청소년상담복지센터 등을 알고 있는지를 확인해 보시기를 바랍니다. 약물치료가 시급하다고 생각하면 상담을 조금 미루더라도 약물치료부터 먼저 시작하시도록 권하시면 좋겠습니다. 개업 초기 한 명의 내담자 분이라도 더 받고 싶은 마음에 욕심을 내다가 상담자로서의 윤리를 어기는 일이 없도록 주의하시기를 바랍니다.

04
상담센터
홍보하기

홍보를 위해 필요한 마음가짐

지금까지의 내용에 따라 정말 열심히 개업의 과정을 꼼꼼히 준비했더라도, 마음속에서 사라지지 않는 질문이 하나 있습니다.

'그런다고 우리 센터를 찾아오는 사람이 있을까?'

이 질문에 대한 답을 하자면 '아니요'입니다. 상담자로서 충분한 수련과정을 거치고, 개업 준비를 충실히 했더라도 우리 센터에 바로 내담자가 찾아오는 것은 아닙니다. 그래서 홍보가 중요합니다. 그러나 많은 상담심리사 선생님들은 홍보에 대해서 배워 본 적도, 경험해 본 적도 거의 없습니다. 그래서인지 안타깝게도 훌륭한 상담 실력을 갖춘 선생님들께서 개업 상담현장에 뛰어들었다가 실패의 고배를 마시는 경우를 지금까지 숱하게 목격하였습니다. 대부분 홍보 문제 때문이었습니다.

다양한 홍보방법을 이론적으로 알고, 이를 운영할 수 있는 역량도 중요하지만, 그것보다 중요한 것은 홍보에 대한 마음가짐과 방향성을 정립하는 것입니다. 모든 분야가 마찬가지이겠지만 심리상담센터 홍보 역시도 오리엔테이션 없이 방법적으로만 접근하면 주먹구구식이 될 수밖에 없습니다. 앞으로의 내용들을 살펴보면서 홍보에 대한 마음가짐을 정리해 볼 수 있었으면 좋겠습니다.

입소문에 대한 환상

상담센터 개업을 할 때 저 역시도 홍보가 가장 큰 걱정거리였습니다. 그때 주변에서 몇 번이나 들었던 말이 있습니다.

> "홍보를 뭐 그렇게 걱정해, 좀 운영하면서 입소문 나기 시작하면 금방 자리 잡아."

저뿐만 아니라 개업을 고민하고 계신 분들이라면 한 번쯤은 '입소문'에 대한 이야기를 들어 보셨을 겁니다. 그래서인지 요즘도 종종 "운영하다 보면 입소문이 나고 별문제 없이 운영되겠죠?" "입소문이 나면 홍보는 문제 없겠죠?"라는 질문을 받기도 합니다. 그런 분들에게 제가 드리는 답변은 항상 같습니다. "입소문 기다리다가 소리 소문 없이 망합니다." 제가 이런 답변을 하는 이유는 실제로 그런 센터를 많이 목격해 왔기 때문입니다.

입소문이 나면 센터가 안정적으로 운영된다는 것은 분명히 맞는 말입니다. 그런데 이건 사실 상담센터에만 해당되는 이야기가 아닙니다. 모든 자영업은 입소문이 충분히 나면 홍보에 걱정이 없습니다. 저희 동네에 있는 작은 칼국수집도 홍보를 하나도 안 하는데 입소문만으로 항상 문전성시를 이룹니다.

그러나 중요한 점은 '심리상담'이 맛집처럼 쉽게 입소문이 날 수 없는 서비스라는 것입니다. 심리상담에 대한 대중의 인식이 과거보다 많이 좋아졌다고는 하지만, 여전히 심리상담에 대한 부정적인 인식을 가진 분들도 매우 많습니다. 내담자 분들도 이러한 인식을 걱정하기 때문에 본인이 심리상담을 받는다는 사실을 주변에 잘 알리지 않습니다. 반대로 주변에 "내가 상담받고 싶은데, 어디가 좋아?"라고 물어보는 것 역시도 망설여지기 마련입니다. 그렇기에 심리상담 서비스는 입소문이 나기 어렵습니다.

심리상담에 대한 수요도 공급도 적었던 과거에는 사실상 입소문만으로도 센터 운영이 가능했으나, 이제 그런 시절은 끝났습니다. 넘쳐나는 상담센터들 안에서 살아남기 위해서는 입소문만으로는 부족합니다. 적극적인 홍보를 통해 센터를 알려야 살아남을 수 있습니다. 그 과정에서 자연스럽게 입소문도 기대해 볼 수 있는 것입니다.

'상업성'에 대한 거부감

'상업적이다'라는 말이 갖는 거부감은 상당합니다. 상업적이라는 말을 들으면 왠지 돈만 밝히는 악덕장사꾼 이미지가 떠오릅니다. 특히 심리상담 분야에서는 상업적인 것에 대한 경계가 무척이나 큰 것 같습니다. 그래서인지 '홍보' 자체에 대한 거부감을 갖고 계신 분들도 많습니다. 홍보라는 것이 결국에는 돈을 벌기 위한 수단이기 때문입니다. 저 역시도 홍보 자체에 대한 막연한 거부감을 가지고 있었던 것 같습니다.

'심리상담'은 상업적인 영역의 것이 아니고, 상업적으로 되지 않도록 경계해야 합니다. 그러나 '심리상담센터 운영'은 상업적인 영역의 것입니다. '심리상담'은 내담자의 복지를 돕는 서비스입니다. 그리고 '심리상담센터 운영'은 그러한 서비스를 고객에게 '판매'하는 일입니다. 뭔가를 잘 판매하기 위해 그것을 홍보하는 것은 불가피한 일입니다. 심지어 중고거래 사이트에 1~2만 원짜리 화분을 하나 팔 때도 더 예쁘게 사진을 찍으려고 노력하고, 더 매력적인 문구를 넣기 위해 고민합니다. 심리상담은 화분보다 몇 배가 비싼 8~10만 원을 지불해야 합니다. 비용뿐 아니라 시간, 나의 어려움에 대해 털어놓는 부담감 등 정말 많은 것을 투자해야 하는 서비스입니다. 그렇기에 이 서비스가 왜 필요하고, 어떤 도움이 되는지를 보다 적극적으로 정확하게 알릴 필요가 있습니다. 그것이 상담센터 홍보입니다.

자본주의 사회에서 돈은 생존과 직결되는 문제입니다. 즉, 원시시대의 '사냥'과 현대사회의 '돈 벌기'는 같은 의미라는 것입니다. 그리고 상담센터를 개업한 이상 우리의 생존은 '상담센터 수익'입니다. 사냥을 위해 칼을 갈고, 그물을 만들었던 것과 마찬가지로, 우리는 수익을 위해 홍보를 해야 합니다. 돈만 밝히는 것은 나쁩니다. 그러나 '돈만 밝히는 것'과 '돈을 중요하게 생각하는 것'은 다릅니다.

윤리성 고려

'돈만 밝히는 것'과 '돈을 중요하게 생각하는 것'의 결정적 차이는 윤리의식에서 비롯된다고 생각합니다. 홍보의 과정에서 여러 가지 유혹이 생길 수 있습니다. 그 유혹은 대부분 '진실성'에 대한 도전의 형태로 다가옵니다. 심리상담만 받으면 인생이 달라진다고 과장하고 싶을 수도 있고, 경력에 대해서 부풀려서 말하거나 속여서 알리고 싶은 마음이 들 수도 있습니다. 외부 업체에게 얼마의 비용을 지불하면 거짓 후기를 써 주겠다는 제안을 받을 수도 있습니다. 그러나 우리는 그런 유혹을 이겨 내야 할 필요가 있습니다. 이건 상담심리사로서뿐만 아니라, 직업인으로서의 윤리이기 때문입니다. 이 유혹을 이겨 내지 못하면 그때부터 '돈만 밝히는 상업적인 센터'가 되는 것은 순식간입니다.

한국상담심리학회 윤리규정 중 '2-바. 홍보'에는 홍보와 관련하여 우리가 지켜야 할 윤리적인 규정들이 명시되어 있습니다. 심리상담센터의 운영자라면 다음 사항을 언제나 유념해야만 합니다.

1. 상담심리사는 전문가로서의 자신의 자격과 상담 경력에 대해 대중에게 정확하게 홍보해야 하며, 오해를 일으킬 수 있거나 거짓된 내용을 전달해서는 안 된다.
2. 상담심리사는 일반인들에게 상담의 전문적 활동이나 상담 관련 정보, 기대되는 상담효과 등을 정확하게 알려 주어야 한다.
3. 상담심리사는 출판업자, 언론인, 혹은 후원사 등이 상담의 실제나 전문적인 활동과 관련된 잘못된 진술을 하는 경우 이를 시정하고 방지하도록 노력한다.
4. 상담심리사가 워크숍이나 상담 프로그램을 홍보할 때는 참여자의 선택을 위해서 정확한 정보를 제공해야 한다.
5. 상담심리사는 상담자의 품위를 훼손하지 않도록 책임의식을 가지고 홍보해야 한다.

6. 상담심리사는 홍보에 활용하기 위하여 내담자에게 소감문 작성이나 사진 촬영 등을 강요하지 않는다.
7. 상담심리사는 자신이 실제로 상담 및 자문 활동을 하지 않는 상담기관이 자신의 이름을 기관의 홍보에 사용하지 않도록 해야 한다.

출처: 한국상담심리학회(krcpa.or.kr)

'센터'가 아니라 '심리상담, 상담자'를 홍보하기

많은 분이 홍보라고 하면 우리 센터를 알리는 것을 가장 먼저 떠올립니다. 우리 센터만의 특별한 장점을 찾고 그것을 어필하는 것은 매우 중요한 문제입니다. 그러나 이런 노력은 금세 한계에 다다릅니다. 왜냐면 사실은 우리 센터만의 특별한 점이 그다지 많지 않기 때문입니다. 심리상담센터는 맛집처럼 그 집만의 특별한 레시피가 있는 것이 아닙니다. 우리 상담센터의 색깔은 센터가 아닌, 소속 상담자가 어떤 색깔인지에 달려 있습니다(물론 '트라우마 센터' '인지행동치료센터'와 같은 특수한 정체성을 가지고 만들어진 센터는 예외입니다). 심리상담센터는 '심리상담'이라는 훌륭한 서비스를 각 '상담자'가 고유의 역량을 발휘하여 내담자 한 분 한 분께 전달할 수 있도록 무형의 시스템을 제공하는 곳입니다.

따라서 홍보의 대상이 되어야 하는 것은 '센터'가 아니라 '심리상담' 자체, 그리고 '상담자'입니다. 다시 말해, 앞서 살펴본 '퍼스널 브랜딩'을 통해 상담자의 색깔을 알리고, 심리상담에 대한 정보를 제공하는 것이 홍보의 방향성이라고 볼 수 있습니다.

내담자 분들은 심리상담을 받기로 마음먹는 것이 쉽지 않습니다.

가장 큰 이유는 정보 부족입니다. 전공자가 아니고서야 '심리상담'에 대한 정보가 부족할 수밖에 없습니다. 심리상담을 받아 보고 싶어도 이러한 정보의 부족 때문에 상담을 시작하는 것이 두렵습니다. 네일숍을 간다면 그곳에서 어떤 경험을 하게 될지 예상이 되지만, 심리상담은 그 과정이 그려지지 않습니다. 많은 내담자 분들에게 '심리상담'이란 정보가 거의 없는 '오지 여행'을 하는 것과 같습니다. '심리상담을 받으면 어떤 효과를 기대할 수 있는지, 심리상담은 보통 몇 번을 받아야 하는 건지, 심리상담이 어떤 과정으로 이루어지는지, 상담 비용/시간은 어떻게 되는지, 병원과는 다른 건지'와 같은 정보가 없기에 선택이 두렵습니다. 그렇기에 내담자 분들은 그런 정보를 많이 제공하는 센터에 자연스럽게 눈길이 오래 머물 수밖에 없습니다. 그리고 내가 앞으로 이야기 나눌 선생님은 어떤 분일지, 어떤 자격과 경력을 갖추고 있으며, 어떤 색깔과 결을 가진 선생님인지 그려 볼 수 있는 정보를 제공하는 센터를 선택하게 될 것입니다. 즉, '심리상담과 상담자에 대해 보다 양적/질적으로 풍부한 정보를 제공하는 것'이 상담센터 홍보의 본질이라는 점을 잊지 않으셨으면 좋겠습니다.

직접 홍보하기

홍보는 정말로 어려운 일입니다. 상담을 하는 것만 해도 힘든데, 여러 가지 행정과 더불어 홍보까지 해 나가는 것이 처음에는 몹시 버겁게 느껴질 수 있습니다. 게다가 홍보는 바로바로 성과가 나타나는 것도 아니기에 할 맛도 잘 안 나고, 생전 해 본 적도 없는 일이니까 막막하기도 합니다. 이쯤 되면 슬슬 '누군가가 대신 해 줬으면 좋겠다.'라는 생각이 들고, 마치 이런 마음을 읽고 있었던 것마냥 홍보 대행사에서 연락이 오기 시작합니다. 그들의 제안은 매우 매력적입니다. 일정 금액을 지불하면 이토록 어려운 홍보의 과정을 대신 해 줄 뿐 아니라, 내가 직접 하는 것보다 가시적인 성과도 빨리 확인할 수 있다고 합니다. 실제로 저도 개업 초기에는 이런 홍보 대행사에 홍보를 맡겨 볼까라는 고민도 잠시 했습니다. 물론 슬프지만 다행스럽게도 돈이 없었고, 뭔가 모를 찜찜함에 그런 선택을 하지는 않았습니다. 이제와 생각해 보면, 그때 그런 선택을 하지 않은 것이 너무나도 다행스러운 일이었던 것 같습니다.

실제로 홍보대행사를 활용하면 놀라울 정도로 빠른 효과가 나타날 수 있습니다. '확실히 전문가가 다르긴 다르구나.'라는 생각이 듭니다. 갑자기 문의 전화가 늘어나고, 포털 사이트에서 지역 상담센터들을 검색해 보면 우리 센터가 상당히 상위에 노출이 되는 것을 확인할 수 있습니다. 그러나 문제는 그러한 효과가 오래가지 않는다는 점입니다. 문의는 다시 줄어들고, 검색 순위도 금세 떨어집니다. 이런 일이 생겨도 원인을 알 수 없고, 어떤 노력이 필요한지는 더욱 모릅니다. 그렇기에 다시 홍보대행사에게 의뢰합니다. 이런 일들이 반복되면 대행사에서는 추가비용을 청구하게 됩니다. 부담스럽지만 안 할 수가 없습니다. 그렇게 고정비용은 계속 늘어나고, 대행사에 의존할 수밖에 없는 구조가 되어 버립니다.

홍보를 누군가가 대신 해 주면 우리 센터가 반짝이는 것을 볼 수 있습니다. 그러나 그들이 그 빛을 지속해 주지는 않습니다. 자립할 수 있는 역량을 키우지 않으면 그 센터는 오랫동안 운영되기가 어럽습니다. 〈백종원의 골목식당〉에 출연했던 식당들이 몇 년이 지나 폐업해 버리는 일이 비일비재한 것도 같은 맥락입니다.

홍보나 마케팅에 대한 경험이 전혀 없이 대행사에게 전적으로 모든 것을 맡겨 버리면 그 진행 과정과 결과에 대해 맹목적으로 신뢰하는 수밖에 없습니다. 물론 양심적으로 성실하게 운영하는 대행사들도 있겠지만, 일부 대행사의 경우 의뢰자의 홍보/마케팅에 대한 지식 부족을 약점 삼아 악의적으로 운영하는 사례도 종종 보고되고 있습니다.

그렇기에 어렵더라도 홍보는 스스로 하시기 바랍니다. 가까운 누군가의 도움을 받을 수는 있지만, 어디까지나 주체는 내가 되어야 합니다. 그래야 앞으로 센터를 운영하면서 생기는 여러 문제에 스스로 대처해 나갈 수 있습니다. 요즘은 왜 이렇게 신규 예약이 적은지, 신규 예약을 늘리기 위해 어떤 노력을 해야 할지, 지금은 버텨야 할 시기인지, 대책을 강구해야 하는 시기인지 등의 의사결정을 하기 위해서는 반드시 센터 운영자가 스스로의 홍보역량을 갖추고 있어야 합니다.

발품 말고 손품

어린 시절 저희 집은 태권도 체육관을 운영했습니다. 그 당시에 제일 싫었던 것은 한 달에 몇 번씩 전단지를 돌리는 일이었습니다. 몇 시간씩 인근 주거 밀집지역이나 아파트를 돌아다니면서 전단지를 돌리고 포스터를 붙였습니다. 그러다가 다른 업체의 전단지 돌리는 분들과 친해져서 같이 음료수를 사 먹었던 기억도 있습니다. 그 정도로 과거에는 '발품'이 주된 홍보 수단이었습니다.

그러나 지금은 시대가 바뀌었습니다. 문에 붙어 있는 전단지는 이제 바로 쓰레기통으로 처박히는 찬밥신세가 되었습니다. 이제는 짜장면을 시켜 먹고 싶을 때 전단지가 아니라 바로 스마트폰을 꺼내 들고 '○○동 짜장면 맛집'을 검색합니다. 그렇기에 짜장면 가게는 더 이상 전단지를 만드는 것보다 온라인에서 우리 가게를 맛집으로 소문나게 하는 것에 집중합니다. 즉, 과거에는 현장에서 발로 뛰는 '발품'이 주된 홍보의 수단이었다면, 이제는 온라인 세상에서 손을 움직이는 '손품'이 주된 홍보의 수단입니다.

그럼에도 여전히 '홍보' 하면 자연스럽게 전단지를 비롯한 발품부터 생각하시는 분들이 많습니다. 발품을 팔아 홍보하는 것이 나쁜 것은 아닙니다. 다만, 5시간 발품을 파는 것보다 5분 손품을 파는 게 더 효과적일 수 있습니다. 홍보도 낯선데 온라인이라는 공간에서의 홍보라니, 더 어렵고 막막하게 느껴질 수 있습니다. 그럼에도 불구하고 상담센터를 운영하고 홍보하기 위해서는 내가 온라인 세상에 익숙해질 필요가 있습니다. 그래서 다음 절에서는 여러 온라인 홍보 채널을 최대한 자세히 소개하려 합니다. 천천히 살펴보면서 하나씩 시도하다 보면 어느샌가 능숙하게 온라인 홍보를 할 수 있을 것입니다.

무료 홍보 채널

이제부터는 본격적인 홍보 채널들을 무료/유료로 나누어 살펴보겠습니다.

먼저, 무료로 운영할 수 있는 홍보 채널들을 하나씩 자세히 소개합니다. 여기에 소개하는 홍보 채널들을 모두 다 할 수 있으면 가장 좋습니다. 그러나 여력을 고려하여 선택적으로 운영하시되 '네이버 스마트 플레이스' '블로그'는 반드시 운영하는 것을 추천합니다.

네이버 스마트 플레이스

센터를 운영하면서 우리가 가장 익숙해져야 할 플랫폼은 바로 '네이버'입니다. 네이버가 중요한 이유는 우리나라 검색포털 점유율 1위이기 때문입니다. 그것도 그냥 1위가 아니라 다른 검색포털(다음, 구글 등)을 모두 합쳐도 네이버가 더 높을 정도로 압도적인 점유율을 보이고 있습니다. 이 말은 곧, 내담자 분들도 심리상담을 받고자 할 때 가장 많이 검색해 보는 채널이 '네이버'라는 것입니다. 그래서 우리는 네이버에 우리 센터가 최대한 많이, 잘 노출되도록 노력할 필요가 있습니다.

그 시작은 '네이버 스마트 플레이스(이하 스마트 플레이스)' 등록입니다. 스마트 플레이스 등록은 필수입니다. 사업자 등록이 우리 센터의 존재를 법적/행정적 시스템에 등록하는 것이라면, 스마트 플레이스 등록은 우리 센터의 존재를 온라인 시스템에 등록하는 것이기 때문입니다. 비유하자면 매장을 오픈하고 간판을 다는 것과 마찬가지입니다. 간판을 달지 않으면 사람들은 그 가게의 존재를 알 수 없습니다. 마찬가지로 스마트 플레이스 등록을 하지 않으면 우리 센터의 존재를 인터넷 공간에서는 찾아볼 수가 없습니다.

네이버 스마트 플레이스에 등록을 하면 네이버 지도에 우리 센터가 등록이 됩니다. 따라서 이때부터는 네이버에서 '지역+심리상담(센터)'을 검색했을 때 해당 지역의 지도에 다른 센터들과 함께 우리 센터가 노출되는 것입니다. 스마트 플레이스는 네이버 지도에 노출되는 것뿐만 아니라, 네이버 예약, 네이버 톡톡 등의 서비스와 연동이 이루어지므로 반드시 등록을 하셔야 합니다.

저희 센터의 방문자 유입 정보를 분석해 보면 전체 방문자의 약 90%가 '인터넷 검색'을 통해 유입됩니다. 그 인터넷 검색에서 가장 많은 비중을 차지하는 검색어는 '안양 심리상담'과 '안양 심리상담센터'입니다.

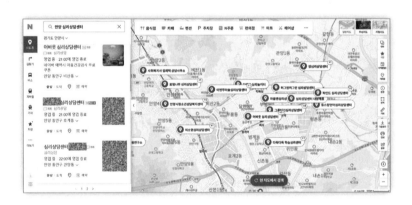

이처럼 고객들은 '지역+심리상담(센터)'을 포털에서 검색하여 해당 지역의 상담센터를 리스트업하고, 이 리스트에서 각각의 센터를 비교해 보고 방문할 센터를 결정하게 됩니다. 그렇기 때문에 스마트 플레이스에 등록해 놓지 않으면 우리 센터는 내담자 분들의 비교대상에서조차 제외되는 꼴이 됩니다.

스마트 플레이스에는 사진이나 센터 소개를 비롯한 우리 센터에 대한 여러 가지 정보를 입력해 놓을 수 있습니다. 만약 해당 지역에 다른 센터들이 별로 없다면 이 정보에 그다지 공을 들이지 않아도 큰 문제는 없을 수 있습니다. 그러나 앞의 사진에서처럼 수많은 상담센터 사이에서 경쟁을 해야 하는 상황이라면, 스마트 플레이스에 입력된 정보가 얼마나 질적/양적으로 잘 갖추어져 있는지가 중요한 포인트가 될 수 있습니다. 이는 두 가지 이유에서 중요합니다.

첫째, 정보가 많은 센터가 선택될 확률이 높기 때문입니다.

만약 서울시 강남구에 살고 있는 내담자 분께서 상담을 받아 보고 싶어서 상담센터를 알아보는 장면을 상상해 볼까요? 내담자 분은 '강남구 상담센터'라는 검색을 하여 그중 몇 개의 상담센터를 리스트 업했습니다.

	A센터	B센터	C센터
소개 글	강남구 A상담센터입니다.	주요 상담 영역이 적힌 2~3문장의 소개글	주요 상담 영역, 상담센터의 철학, 상담에서 도움받을 수 있는 점 등이 자세히 적힌 10문장 이상의 소개글
사진	없음	상담실 사진 4장	상담실 사진과 상담센터 구석구석을 담은 사진 10장

고객은 당연히 C센터를 선택할 것입니다. 사실, A센터나 B센터의 선생님들이 C센터의 선생님보다 상담을 더 잘할 수도 있고, 해당 내담자 분과 C센터의 선생님이 잘 맞지 않을 수도 있습니다. 그러나 내담자 분은 C센터를 선택할 수밖에 없습니다. 심리상담은 눈에 보이지 않는 서비스이기 때문에, 내담자 분께서는 눈에 보이는 정보가

많은 곳을 선택할 수밖에 없기 때문입니다.

둘째, 정보가 많은 센터가 지도에서 상위에 노출될 가능성이 높기 때문입니다.

앞의 사진에서도 알 수 있듯이, 해당 지역의 상담센터를 지도에서 검색해 보면 수많은 상담센터가 리스트업됩니다. 그리고 그 리스트에서 앞쪽에 위치한 센터는 뒤쪽에 위치한 센터보다 더 많은 고객에게 쉽게 노출될 것이 당연합니다. 그렇다면 이 리스트의 순위는 어떻게 결정될까요? 이를 '노출 순위'라고 하는데요, 사실 노출 순위가 어떻게 결정되는지는 네이버에서 공식적으로 공개한 기준이 없습니다. 그러나 상식적으로 생각해 보면 어떤 업체가 상위에 노출될 것인지를 쉽게 추론해 볼 수 있습니다. 네이버의 입장에서는 고객이 네이버 서비스에 오래 머물도록 하는 것이 이득입니다. 그렇게 하려면 여러 업체들 중 말 그대로 '잘나가는' 센터를 상위에 노출시켜 주고 싶을 것입니다. 쇼핑몰에서도 가장 잘 나가는 상품을 첫 페이지 대문에서 광고하는 것처럼 말이죠. 이 '잘나가는 센터'를 판단하는 여러 가지 기준 중에서 비교적 확실하게 추론해 볼 수 있는 것은 바로 '체류 시간'입니다. 가령, A박물관에는 사람들이 입장했다가 평균 10분 정도를 머물렀다가 박물관을 떠납니다. 그런데 같은 규모의 B박물관에는 사람들이 30분 이상을 머뭅니다. A박물관보다 B박물관이 '잘나가는' 박물관이라고 판단할 수밖에 없겠죠? 스마트 플레이스에서도 마찬가지입니다. 고객들이 해당 센터를 클릭한 후 그 페이지 머무는 시간이 긴 센터, 즉 체류 시간이 긴 센터가 '잘나가는 센터'로 판단되어 상위에 노출될 확률이 높을 것입니다. 그리고 A박물관보다 B박물관에 사람들이 더 오래 머무는 이유는 바로 볼거리가 더 많기 때문일 것입니다. 마찬가지로 스마트 플레이스에서도 더 많은 정보, 더 좋은 정보가 많이 쌓여 있는 센터에 사람들이 더 오래 체류할 것임이 분명하고, 이런 체류 시간의 증가가 곧 지도에서 상위 노출의 가능성을 높여 줄 것입니다.

따라서 우리 상담센터를 스마트 플레이스에 단순히 등록만 하고 끝내는 것이 아니라, 우리 센터에 대한 자세한 정보들을 최대한 자세히 입력해 놓는 것을 잊지 않았으면 좋겠습니다. 이런 디테일에서의 작은 차이가 홍보의 성과 면에서는 매우 큰 차이로 나타날 수 있습니다.

더불어, 이후 스마트 플레이스 사용이 조금 익숙해지고 나면, 네이버 예약, 네이버 톡톡 등의 서비스를 연동하는 것을 추천합니다. 이러한 서비스를 연동해 놓으면 내담자 분들이 굳이 센터에 전화를 하지 않아도 온라인에서 쉽게 예약/문의를 할 수 있기 때문에 우리 센터에 대한 접근성을 높일 수 있고, 체류 시간 역시 늘릴 수 있습니다.

네이버 블로그

퍼스널 브랜딩에서 주축이 되는 SNS가 유튜브라면, 상담센터 홍보를 위해 필수적으로 운영해야 할 SNS는 바로 네이버 블로그입니다. 센터 홍보를 위해 단 하나의 SNS만을 운영해야 한다면 저는 망설임 없이 네이버 블로그를 선택할 것입니다. 앞서 2장 퍼스널 브랜딩 파트에서 언급한 바와 같이, 네이버 블로그는 대표적인 검색형, 정보제공형 SNS이기 때문입니다. 블로그에 상담자, 심리상담에 대한 양질의 정보들을 많이 올려놓을수록 사람들은 우리 센터를 신뢰할 수 있습니다.

게다가 네이버 블로그는 앞서 살펴본 스마트 플레이스와 연동이
됩니다. 블로그에 글을 쓸 때 위치를 우리 센터로 지정해 놓으면, 스
마트 플레이스에서 우리 센터를 검색했을 때 내가 블로그에 쓴 글이
자동으로 업데이트됩니다. 이것은 내담자 분들에게 '이 센터가 활발
히 운영되고 있는 곳이구나'라는 인상을 줄 수 있습니다.

블로그에 쓰는 글들은 크게 소개성, 홍보성, 정보성 글로 나뉩니다.
소개성 글은 말 그대로 나와 우리 센터, 그리고 우리 센터의 프로
그램들에 대해서 소개하는 목적의 글입니다. 다른 홍보성, 정보성
글보다 우선적으로, 그리고 필수적으로 작성해야 할 글입니다. 누군

가가 우리 센터의 선택을 고민할 때, 가장 먼저 찾아볼 정보이니, 특히 성심성의껏 작성할 필요가 있습니다. 다음과 같은 주제가 소개성 글의 예시입니다.

- 상담센터 소개
- 상담자 소개
- 상시 프로그램(심리상담, 심리검사 등) 소개
- 센터 이용 절차

홍보성 글은 소개성 글에 비해 나와 우리 센터를 보다 적극적으로 어필하기 위한 목적의 글을 뜻합니다. 다음과 같은 주제가 홍보성 글의 예시입니다.

- 이용 후기
- 비상시 프로그램(집단 프로그램 등) 홍보
- 상담자나 센터의 성과에 대한 홍보

정보성 글은 우리 센터를 직접적으로 알리는 것이 아니라, 심리상담에 대한 정보나 정신건강에 대한 정보들을 적는 글입니다. 정보성 글은 홍보성 글과 성격이 많이 다릅니다. 홍보성 글은 '직접 홍보'를 위한 글이라면, 정보성 글은 '간접 홍보'의 성격이 강합니다. 홍보성 글은 이미 우리 센터에 어느 정도 관심을 갖고 있는 사람이 보다 자세한 정보를 찾아보기 위해 살펴보는 글입니다. 그러나 정보성 글은 우리 센터에 대한 관심이 아닌 그 글의 주제에 관심이 있어 인터넷을 검색하던 누군가가 우연히 발견해서 읽게 되는 글입니다. 예를 들어, 우울증을 겪고 있는 누군가가 우울증 관련 정보를 검색하다가 우리가 블로그에 써 놓은 '우울증을 극복하기 위한 여덟 가지 팁'이라는 글을 클릭해서 읽게 되는 것이 정보성 글입니다. 이 글에는 우울증 극복을 위한 다양한 방법 중 우리 센터로 유입될 수 있을 만한 정보들을 함께 제시합니다. 가령, '심리검사를 통해 현재 우울의 정도를 파악해 볼 수 있다.' 혹은 '스스로 극복이 어려울 땐 반드시 전문가의 도움을 받아야 한다.'와 같은 정보들을 글에 포함시켜 간접적인 홍보효과를 기대하는 것입니다. 이때 홍보의 목적이 지나치게 강조되거나, 필요한 정보를 충분히 제공하지 않은 상태에서 심리상담을 유도하지 않도록 주의할 필요가 있습니다. 그 순간 그 글은 '정보성 글'이 아니라 '홍보성 글'이 되어 버립니다.

정보성 글은 그 주제가 무궁무진할 수 있습니다. 그중 몇 가지의 예시를 들어 보면 다음과 같습니다.

- 우울증을 극복하기 위한 여덟 가지 팁
- 좋은 심리검사를 선택하는 방법
- 안전한 심리상담을 받는 방법
- 우울과 우울증의 차이
- 마음이 불안할 때 가장 먼저 해야 할 것

상담센터 블로그를 운영할 때는 특히 이 정보성 글에 많은 힘을 쏟을 필요가 있습니다. 고객의 입장에선 상담센터의 블로그에 노골적인 홍보성 글만 가득하면 '여긴 너무 상업적인 곳 같다.'라는 부정

적인 인식이 생겨 버릴 수도 있습니다. 그래서 이상적으로는 정보성 글과 홍보성 글의 비율이 적어도 2:1 정도는 유지할 수 있도록 하는 것이 좋습니다.

블로그는 업로드를 꾸준히 하는 것이 정말 중요합니다. 특히 오픈 초반에는 더욱 그렇습니다. 그러나 온라인 공간에, 긴 글을, 주기적으로 쓰는 것에 익숙하지 않은 대부분의 선생님들에게는 이것이 대단히 어렵게 느껴질 수 있습니다. 결국에는, 그럼에도 불구하고 계속 해 보면서 체화시켜야 할 과정이지만, 그 과정을 조금 더 원활히 할 수 있는 두 가지 팁을 드리고 싶습니다.

첫째, 이미 잘 운영되고 있는 다른 상담센터의 블로그를 많이 참조하시면 좋겠습니다. 우리가 처음 상담을 수련할 때, 대가들의 비디오나 시연을 참고하는 것과 같습니다. 그 센터의 블로그에는 어떤 글들이 어떻게 쓰여 있는지, 읽어 봤을 때 어떤 지점이 매력적인지 등을 참고하여 나도 최대한 비슷한 방식으로 써 보는 연습부터 시작하면 좋겠습니다.

둘째, '상담센터 홍보를 위한 블로그 운영하기'라는 비슷한 목적을 가진 다른 분들과 팀을 꾸려서 일정 기간 함께하는 것을 추천합니다. 이는 동기부여를 위함입니다. 특히 정해진 기간을 지켜 가며 주기적으로 업로드하기 위해서는 집단의 힘을 빌려 다소의 강제성을 부여할 필요도 있는 것 같습니다. 또한 다른 선생님들의 글을 살펴보면서 좋은 영감이나 아이디어를 얻을 수도 있습니다.

인스타그램

인스타그램은 블로그를 운영하면서 보조적으로 활용하는 것을 고려해 볼 만한 SNS입니다.

블로그에서는 내가 말하고자 하는 것을 '글'로 표현한다면, 인스타그램은 '사진, 그림, 영상'이 주된 표현 수단입니다. 쉽게 표현하자면, 인스타그램은 '타인에게 보여 주기 위해 만드는 사진첩'입니다. 따라서 인스타그램을 블로그와 비교했을 때 '정보 전달'의 측면에서는 뒤지고, '표현성'의 측면에 있어서는 앞선다고 볼 수 있습니다.

인스타그램은 무엇인가를 '표현'하기 위한 SNS이기 때문에 명확한 콘셉트를 잡고 운영할 필요가 있습니다. 하나의 계정에는 일관된 주제와 콘셉트를 맞춘 사진/영상으로 피드(사진첩)를 구성하여야 합니다. 상담센터의 홍보에 인스타그램을 활용할 때는 크게 두 가지 콘셉트를 생각해 볼 수 있습니다. 다음 내용을 잘 살펴보시고 한 가지 콘셉트를 선택하여 운영하는 것을 추천합니다.

첫째, 노출형 콘셉트입니다. 상담자의 일상을 공유하고, 상담센터의 이곳저곳을 사진이나 영상으로 담아 노출하는 방식입니다. 현재 저희 센터는 이 콘셉트로 인스타그램을 운영하고 있습니다. 이 방식의 가장 큰 장점은 내담자 분들이 나와 우리 센터에 대해 내적 친밀 감을 느낄 수 있다는 것입니다. '이 센터에 가면 이런 선생님과 만나서 이야기를 나눌 수 있겠구나.' '이 센터에 가서 상담실에 들어가면 이런 장면이 창밖으로 펼쳐지겠구나.'와 같은 상상을 할 수 있기 때문에 낯선 곳, 낯선 사람을 만나는 데서 오는 불안함을 줄일 수 있습니다. 다만, 노출형 콘셉트로 인스타그램을 운영할 때는 노출의 범위를 숙고할 필요가 있습니다. 지나친 노출은 오히려 홍보에 마이너스적인 요소가 될 수 있습니다. 또한 상담 진행에 부정적인 영향을 줄 수도 있을 것이라 생각되는 내용은 노출을 삼가야 합니다. 노출형 콘셉트의 인스타그램에서 우리가 노출해야 하는 것은 '보여 주고 싶은 것'이 아니라 '보여지면 좋을 것'이어야 합니다.

둘째, 정보형 콘셉트입니다. 이는 블로그의 '정보성 글'에서 다루는 심리상담, 정신건강에 대한 정보를 글이 아닌 카드뉴스, 그림 등의 형태로 가공하여 업로드하는 방식입니다. 정보형 콘텐츠의 인스타그램 운영은 블로그 운영에서 작성하던 '정보성 글'을 글이 아닌 이미지 콘텐츠로 표현하는 작업이라고 생각하시면 됩니다.

이미 우리 센터에 대한 어느 정도의 관심을 가지고 있는 분들을 대상으로 하는 노출형 콘텐츠와 달리, 정보형 콘텐츠는 콘텐츠의 주제에 관심이 있는 불특정 다수를 대상으로 합니다. 내가 올린 콘텐츠의 해시태그(키워드)를 검색하거나 '탐색' 창에서 우연히 우리의 콘텐츠를 발견한 누군가가 그 내용에 관심을 가지고 보게 되는 것입니다. 따라서 정보형 콘텐츠에 비해 더욱 많은 사람에게 확산될 가능성이 있고, 이로 인한 간접 홍보효과 역시 크게 기대해 볼 수 있습니다.

그러나 정보형 콘셉트의 인스타그램을 운영하기 위해서는 어느

정도의 디자인 감각과 콘텐츠 제작 능력이 필요합니다. 카드뉴스와 같은 콘텐츠를 만들 수 있는 역량이 있거나, 그림 등에 재능이 있는 선생님들께서는 이 방식도 고려해 보시면 좋겠습니다. 물론 미리캔버스나 캔바와 같은 프로그램을 활용하면 약간의 노력만으로도 그럴싸한 콘텐츠를 생산해 낼 수 있습니다. 앞의 사진은 그러한 프로그램을 활용하여 제작한 정보형 인스타그램 콘텐츠의 예시입니다.

브런치

브런치는 SNS로 분류하기에 살짝 모호한 글쓰기 및 공유 플랫폼입니다. 그렇기에 직접적인 상담센터 홍보 수단으로 쓰이는 것에는 한계가 있습니다. 그러나 글을 통해 상담자의 퍼스널 브랜딩을 돕고, 그것이 센터에 대한 간접적인 홍보효과로 이어질 수 있습니다. '이 글을 쓴 사람에 대해 더 알아보고 싶다.'라는 생각을 갖게 하고, 그 과정에서 홈페이지, 블로그 등을 통해 자연스럽게 우리 센터가 노출되도록 하는 것입니다.

글쓰기에 관심과 능력이 있고, 향후 출판에 대한 계획이 있으신 분들은 브런치에 도전해 보시는 것도 좋겠습니다. 만약 내가 쓴 글들로 출판까지 할 수 있다면 이는 매우 큰 홍보가 될 수 있습니다.

다만, 브런치는 진입장벽이 높습니다. 다른 SNS와는 달리 브런치는 몇 개의 글을 제출하여 심사에 통과해야 '작가 선정'이 됩니다. 그래야 그때부터 브런치에 글을 쓸 수 있습니다. 말 그대로 '작품'이 될 수 있을 정도의 좋은 글을 업로드해야 합니다. 따라서 센터 오픈 초기보다는 센터 운영이 어느 정도 안정화된 후에 보조적으로 활용하시면 좋겠습니다. 브런치에 대한 좀 더 자세한 내용은 제2장 '개업에 앞서 당신을 브랜딩하라'를 참고하길 바랍니다.

유튜브

유튜브는 '영상'을 제작하고 공유하는 플랫폼입니다. 같은 정보를 블로그는 글, 인스타그램은 이미지, 유튜브는 영상으로 표현하는 것입니다. 글, 이미지와 달리 생동감, 현장감을 담을 수 있는 영상은 더 강력한 매체가 될 수 있습니다. 그렇기에 유튜브는 퍼스널 브랜딩에서 강력한 힘을 발휘할 뿐 아니라, 상담센터 홍보에도 큰 도움이 될 수 있습니다. 게다가 유튜브 운영을 통해 강의 의뢰, 출판 의뢰와 같은 부차적인 효과들을 기대해 볼 수 있습니다. 이런 부차적인 효과를 차치하더라도, 센터 소개 영상, 상담자 소개 영상 등을 제작하여 업로드 해 놓으면 센터의 신뢰감을 높이는 데 기여할 수 있습니다.

그러나 유튜브는 콘텐츠 제작에 많은 공수가 듭니다. 영상 기획, 촬영, 편집의 과정을 스스로 하려면 정말 많은 시간이 필요합니다. 제가 운영하는 유튜브 채널의 경우도 10~15분의 짧은 영상 하나를 제작하는 데, 평균 4시간 이상이 소요됩니다. 이 과정에서 외주를 맡길 수도 있지만, 이 경우 많은 비용이 발생합니다. 또한 들이는 노력에 비해 직접적인 빠른 성과를 기대하기가 어렵습니다. 따라서 상담센터 홍보를 위해 유튜브를 활용한다면 빠른 성과를 기대하지 말고, 보다 장기적인 관점을 가지고 천천히 운영해 보는 것을 추천합니다. 유튜브에 대한 좀 더 자세한 내용은 제2장 '개업에 앞서 당신을 브랜딩하라'를 참고하길 바랍니다.

유료 홍보 채널

　지금부터는 유료로 운영할 수 있는 여러 가지 홍보 채널들을 살펴보겠습니다. 여러 가지 유료 홍보 채널을 소개하겠지만, 사실 저는 이러한 유료 홍보 채널들을 거의 운영하고 있지 않습니다. 기본적으로 비용이 너무 많이 들기도 하고, 앞서 살펴본 무료 홍보 채널들만 열심히 운영해도 지금까지 센터를 운영하는 데 큰 무리가 없었기 때문입니다. 또한 일부 유료 홍보 채널의 경우 여러 가지 윤리적인 측면에서 고려할 사항들이 많습니다. 그렇기에 지금부터 소개하는 유료 홍보 채널은 경우에 따라 보조적으로 활용하는 홍보 채널이 되었으면 합니다.

네이버 파워링크 광고

네이버 파워링크는 해당 지역의 상담센터를 검색할 때, 검색결과에서 가장 상단에 위치하는 업체 홍보 리스트입니다. 네이버 파워링크는 일종의 '현수막'으로 보면 이해가 편할 수 있습니다. 집 앞 사거리에 붙어 있는 여러 가지 현수막이 오프라인 말고 온라인에 걸리는 것이라고 볼 수 있습니다. 그리고 네이버에서는 지역 업체를 검색할 때 포털 내 다른 섹션(예: 지도, 블로그 등)보다 파워링크 섹션을 최상단에 위치시켜 줍니다. 가장 눈에 잘 보이는 자리에 위치되어 있으니 강력한 홍보효과를 기대해 볼 수 있습니다.

네이버 파워링크는 각 키워드에 대한 '클릭당 비용'을 광고주가 설정하고, 클릭 수에 따라 비용을 산정합니다. 만약 내가 '안양심리상담'이라는 키워드에 '클릭당 비용'을 100원으로 설정하고, 사람들이 내 광고를 100번 클릭했다면 10,000원의 비용이 발생하는 것입니다.

'클릭당 비용'은 자유롭게 설정할 수 있습니다. 단, 동네 골목길에 걸리는 현수막보다 번화가 사거리에 걸리는 현수막이 더 높은 비용을 지불해야 하는 것과 마찬가지로 네이버 파워링크도 더 좋은 자리, 즉 상단에 노출하려면 더 많은 '클릭당 비용'을 책정해야 합니다. 네이버는 노출 순위에 따른 '클릭당 비용'을 경쟁입찰 방식으로 설정하고 있습니다. 즉, A업체는 클릭당 비용을 100원으로 설정하고, B업체는 클릭당 비용을 200원으로 설정했다면 B업체를 더 상단에 노출시켜 줍니다. 이렇게 자연스럽게 가격경쟁이 되기 때문에 좋은 키워드의 상위 1~5위에 노출되기 위해서는 정말 높은 클릭당 비용을 설정해야 합니다. 2023년 3월 15일 기준 '강남심리상담' 키워드를 네이버 파워링크 최상단에 위치시키기 위해서는 클릭당 비용을 55,380원으로 설정해야 합니다. 누군가가 우리 센터를 클릭할 때마다 55,380원이 지출되는 것입니다.

따라서 네이버 파워링크 광고를 통해 유의미한 홍보효과를 기대하기 위해서는 상당히 많은 비용이 필요합니다. 그리고 이러한 지출 경쟁에서는 자본력이 강한 프랜차이즈 상담센터가 우위를 점할 수밖에 없습니다. 그래서 네이버 파워링크 광고는 가급적이면 충분한 자본금, 홍보비용이 확보된 상태에서 운영하는 것을 추천합니다.

체험단, 기자단 홍보

체험단, 기자단 홍보는 간단하게 말하면 결국 '후기'를 구매하는 것입니다. 인터넷에서 '○○맛집'을 검색했을 때 나오는 여러 가지 내용들 중에서 한 번쯤 '이건 아무리 봐도 광고 같은데?'라는 생각을 해 본 적이 있으실 겁니다. 그런 콘텐츠가 대부분 체험단/기자단에서 작성한 것입니다. 그런 콘텐츠에는 말미에 항상 '해당 업체로부터 재화/서비스를 제공받아 작성한 글입니다'라는 문구가 적혀 있습니다(체험단/기자단 콘텐츠인데 이 문구가 빠져 있으면 불법입니다). 체험단, 기자단은 후기를 구매한다는 점에서는 같지만, 운영방식에서 조금 차이가 있습니다.

우선, 체험단은 실제로 누군가가 우리 센터의 서비스를 이용하고 그 후기를 SNS에 업로드하는 방식입니다. 구체적인 절차는 다음과 같습니다. 먼저, 체험단 업체에 '일정 기간 동안 몇 명의 체험단을 보내 주고, 그들이 후기를 SNS에 업로드한다.'는 계약을 맺고 비용을 지불합니다. 계약이 체결되면 체험단으로 선정된 사람들에게 우리 상담센터의 서비스를 제공합니다. 그리고 서비스를 이용한 체험단은 본인의 경험을 SNS에 업로드해 줍니다.

기자단은 우리가 원하는 내용의 이미지와 원고를 보내 주면, 전달된 내용을 바탕으로 콘텐츠를 제작하여 기자단 본인의 SNS에 업로드 하는 방식입니다. 이 과정에서 실제로 방문을 하지 않았지만 방문을 한 것처럼 가짜 이용후기 콘텐츠가 만들어지기도 합니다. 사실상 대부분의 기자단 콘텐츠가 이러한 가짜 후기인 경우가 많습니다.

비용은 횟수나 기간, 업로드 되는 SNS의 종류, 그리고 파견되는 체험단/기자단의 SNS 영향력에 따라 매우 상이합니다. 후기 하나당 5~10만 원, 비싸게는 20만 원 이상의 비용이 발생하기도 합니다. 더불어 한 건당 계약하는 것이 아니라 '○○달간 매달 ○○명의 체험단/기자단을 파견한다."라는 내용으로 계약하기 때문에 매우 큰 비용이 발생합니다. 따라서 이 방식 역시 프랜차이즈 상담센터에서 막대한 자본력을 바탕으로 매우 적극적으로 활용되고 있습니다.

가장 고민해야 할 점은 체험단/기자단 방식이 상담센터 홍보에 있어 과연 윤리적인가 하는 것입니다. 애당초 '후기 작성'을 목적으로 방문한 체험단의 후기, 또는 심지어 방문조차 하지 않고 작성되는 기자단의 가짜 후기를 구매하는 것이 과연 윤리적으로 괜찮은 것인지에 대한 질문을 스스로에게 던져 볼 필요가 있겠습니다. 더불어 요즘에는 누가 봐도 '광고성'이 폴폴 묻어나는 이런 글들이 온라인 공간에 많이 쌓여 있는 것이 센터의 이미지에 이로울 것인지도 고민해 볼 필요가 있겠습니다. 저는 이러한 고민 끝에 체험단/기자단 홍보를 진행하지 않았습니다.

다만, 심리상담이 아닌 앞서 3장에서 언급했던 '흥미 위주의 저렴한 프로그램'(예: 커플 MBTI 프로그램, 독서 모임 등)을 홍보할 때 체험단 방식을 활용해 보는 것은 한 번쯤 고려해 볼 만하다고 생각합니다.

지역카페, 맘카페 홍보

각 지역마다 존재하는 ○○시 카페, ○○맘 카페 등에 우리 센터를 홍보하는 방식입니다. 앞서 언급한 것처럼 심리상담센터는 지역 기반 서비스입니다. 따라서 우리 지역에 거주하는 사람들만 접속하여 수많은 정보를 주고받는 지역카페/맘카페는 정말 훌륭한 홍보채널이 될 수 있습니다. 게다가 지역카페/맘카페는 다른 SNS에 비해 폐쇄성이 높은 편이라서 사람들은 이곳에 올라오는 정보를 좀 더 신뢰하는 경향이 있습니다.

어느 정도 규모가 있는 지역카페/맘카페는 개인이 아닌 업체가 관리를 합니다. 따라서 해당 카페에 우리 센터를 홍보하기 위해서는 그 업체에 비용을 지불해야 합니다. 카페 홍보 방법은 다양합니다. 메인페이지에 우리 센터의 배너를 등록해 주거나, 우리 업체를 위한 게시판을 하나 분양받기도 합니다. 배너 자체의 홍보효과도 무시할 수 없고, 게시판에 업데이트되는 우리 센터의 정보를 통해 강력한 홍보효과를 기대할 수 있습니다. 또한 카페 내에서 직접 활동을 하면서 사람들과 유대감을 쌓아 나갈 수도 있습니다. 지역카페/맘카페 내에서 좋은 센터로 입소문이 나게 되면 정말 엄청난 홍보효과를 기대해 볼 수 있습니다.

다만, 세 가지 사항을 고려할 필요가 있습니다.

첫째, 바로 비용입니다. 지역카페/맘카페에 우리 센터를 홍보하기 위해서는 생각보다 정말 큰 비용이 지출됩니다. 고정 지출을 어떻게든 줄여야 하는 초기 개업 상담센터의 경우에는 이러한 비용을 지출하는 것이 큰 부담이 될 수 있습니다.

둘째, 주기적인 업로드입니다. 지역카페/맘카페에 어떤 내용의 콘텐츠를 어떤 순서로 업로드할지에 대한 명확한 계획을 가지고 계약을 해야 합니다. 만약 충분한 콘텐츠가 확보되지 않거나 명확한 계획 없이 덜컥 계약부터 해 버리면, 주먹구구식으로 질이 떨어지는 글들이 올라갈 수밖에 없습니다. 이는 오히려 마이너스 효과가 날 수 있습니다. 급기야 올릴 만한 소스가 없어서 사실상 계약은 했으나 아무런 활동 없이 방치되어 고정비용이 낭비되는 경우도 심심치 않게 접할 수 있습니다.

셋째, 나쁜 입소문입니다. 지역카페/맘카페는 입소문이 날 수 있지만, 꼭 좋은 입소문만 나는 것은 아닙니다. 많은 사람의 입에 오르내리다 보면 좋지 않은 소문도 쉽게 날 수 있습니다. 악의적으로 우리 센터에 대한 안 좋은 소문을 내는 사람이 생길 수도 있습니다. '우리 카페랑 제휴한 모 상담센터 다녀왔는데 정말 상처만 받았어요.'와 같은 글이 떠도는 순간, 그 글의 진위여부와 관련 없이 센터 운영에 직격탄을 맞을 수밖에 없습니다.

각종 오프라인 홍보

앞서 살펴본 각종 온라인 홍보 채널을 메인으로 하되, 오프라인 홍보 채널도 몇 가지 고려해 볼 수 있습니다.

가장 익숙한 것은 역시 전단지/포스터입니다. 센터의 정보를 잘 담은 전단지/포스터를 만들어서 인근 아파트 게시판, 엘리베이터 등에 부착할 수 있습니다. 물론 이 또한 기한에 따른 비용을 지불해야 합니다. 업체에 디자인을 맡겨도 되지만, 천천히 직접 만들어 보는 것도 좋겠습니다. 다른 전단지/포스터 사이에 묻히지 않으려면 어떤 방식으로든 '눈에 띄게 만드는 것'이 가장 중요합니다. 저도 개업 초기 다음과 같은 전단지를 만들어 센터가 위치한 오피스텔 각 층 게시판에 부착하였습니다.

전단지/포스터 이외에도 버스(좌석, 외부, 정류장) 광고, 지하철(스크린도어, 조명) 광고, 대형마트(카트, 전광판) 광고 등을 고려해 볼 수 있습니다. 이런 광고들은 전반적으로 비용이 만만치 않고, 투자 대비하여 홍보효과가 크다고 보기는 어렵습니다. 그러나 이는 지역 특성에 따라 달라질 수 있습니다. 가령, 온라인 커뮤니티가 활성화되지 않은 지역, 대중교통 밀집 지역이나 유동인구가 굉장히 많은 지역에서는 이러한 오프라인 광고 역시 홍보효과를 기대해 볼 수 있습니다.

독자에게 보내는 편지

> **66** 상담자로 살아 보기로 관심을 기울이셨거나,
> 이미 상담자로 살아가고 있는 여러분께 **99**

안녕하세요.

새벽별심리상담센터를 운영하고 있는 상담심리사 오형경입니다. 본명도 익숙하지만 집단 프로그램이나 온라인(블로그, 인스타, 오픈채팅 등)에서 불리는 새벽이라는 별칭도 있습니다. 저는 다양한 온·오프라인 커뮤니티에서 수련생, 상담에 관심 있는 분들을 만납니다. 그리고 그분들에게 항상 이야기합니다.

"저도 딱 한 발 먼저 갔을 뿐이니 저를 활용하세요. 덜 헤매셨으면 좋겠고, 그렇게 아낀 에너지를 더 좋은 곳에 쓰세요. 나 자신, 주변, 내담자를 위해서."

저는 상담자라는 직업인치고는 도전적인 편에 속하고, 에너지도 굉장히 많은 편에 속합니다. 겁이 좀 없고, 사람들의 반응에 무척 민감하고 세심하지만 (상담자로 발달할수록) 점점 평가에 연연해하지도 않고 있어서, 많은 상담자가 잘 하지 않는 행동, 경험들을 쌓아 왔어요. 쉽게 말해, 많이 굴러서 얻은 경험치가 많습니다. 없으면 찾아다녔고, 파헤치고 수집했어요. 그러다 보니 나눌 수 있는 것들도 많아졌고, 마음이 맞는 동료분들도 생기고, 쑥스럽지만 누군가의 기준점, 롤모델이 된다는 얘기도 종종 듣습니다(그래서 저는 계속 열심히 살아야 하는 책임도 크게 느낍니다).

그 결과들로 경력, 연차 대비 저는 꽤 자리를 잡은 상담자입니다. 경제적으로도요. 아직까지는 살아남기에 성공하고 있는데, 지금 이 자리에 오기까지 저도 많은 선후배들, 동료 선생님들, 수퍼바이저분들, 그리고 많은 책과 경험의 도움을

[부록] 독자에게 보내는 편지

받았습니다. 사실, 상담자의 길을 선택한다는 것은 꽤나 사서 고생하는 직업의 길이고, 안타깝게도 그 현실적인 고생에 대한 보상은 크지 않아 지치기 쉬운 일입니다. 저는 이런 현실의 매운 맛을 전하는 역할을 주로 하고 있습니다. 그럼에도 불구하고, 저는 심리학과 상담을 사랑하고 있고, 누군가의 인생의 중요한 순간을 함께할 수 있도록 초대받는 건 굉장히 의미 있는 일이자 감사한 일이라고 생각합니다. 이 길을 선택하셨다면, 여러분도 그런 경험을 하실 수 있기를 기원합니다. 다만, 그런 경험을 하기까지에는 정말 많은 고민과 과정이 필요하니 힘내시고요.

정해진 정답이 없기에, 늘 '최소한의 기준'들만 논해지고 미래는 보장되어 있지 않고, 만들어 가야 하는 여정이라 쉽지 않습니다. 이 책이 그런 망망대해 속에 아주 작은 흔적, 불빛, 선례가 되어 주었으면 좋겠습니다.

온라인, 오프라인, 상담현장에서 만나게 된다면 꼭 알려 주세요. 책을 보고 더 궁금한 이야기를 나누는 것도 환영합니다. 반갑게 인사드리도록 하겠습니다. 우리는 함께한다면 더 많은 것을 해낼 수 있으니까요.

안녕하세요.

반디심리연구소를 운영하고 있는 상담심리사 김진형입니다. 사실, 이름보다 활동명인 '형아쌤'이 더 익숙하네요.

강의하다 보면 심리학과 지망생이나 수련생을 만나는 경우가 있습니다. 그때 "저 상담사 해도 괜찮을까요?"라는 질문을 많이 듣게 됩니다. 진로 결정을 하면서 '내가 이 길이 맞나? 적성인가?' 이런 고민은 반드시 필요합니다. 다만, 질문에 대답해야 하는 사람으로서 해 줄 수 있는 답이 애매합니다. 마냥 "하지 마세요."라고 하자니 질문자의 눈이 지나치게 똘망똘망하고, 그렇다고 "당신은 꼭 할 수 있어요!"라고 하기에는 심리상담이 의지만 가지고 할 수 있는 쉬운 직업이 아니니까요.

이런 질문을 들었을 때 저의 기본 스탠스는 "심리상담부터 받아보세요."입니다. 어차피 상담자가 되려면 상담 경험이 필수입니다. 상담받으면서 '아, 상담이렇게 하는 거구나.' 경험도 쌓고, 자기 자신에 대해 알아 가고. 그러다 보면 어느 정도 방향이 잡힙니다.

'아, 이거구나.' 또는 '내 길이 아니구나.'

근데 가끔 "그런 애매한 답 말고 확실하게 맞다 아니다 기준을 얘기해 달라고요!"라며 집요하게 묻는 분이 있습니다.

그럴 땐 '이런 사람은 심리상담 하지 않았으면 좋겠다.' 하는 기준을 말하곤 합니다.

제1장을 보면 아시겠지만 상담자가 되기 전에 많은 것을 따져야 합니다. 상담자가 되겠다는 의지가 있는지, 각오가 되었는지, 그에 상응하는 경제적 뒷받침이 되는지, 사람을 보는 통찰력이 있는지 등등 현실적·정신적·의지적인 것 모두 따져 봐야 합니다. 되어야 하는 이유도 그렇지만, 되어선 안 되는 이유 또한 있습니다. 마찬가지로 염두에 두어야 합니다.

첫째, 매사 유일한 정답이 있는 사람.

심리상담은 희망적인 학문입니다. 공부하다 보면 건강한 성격이 무엇인지, 그렇지 못한 성격은 무엇인지, 어떻게 하면 해결할 수 있는지 등을 알 수 있습니다.

'이대로만 살면 아무 문제가 없겠구나!' 하는 즐거운 깨달음을 얻게 됩니다. 근데 여기 한술 더 뜨는 경우가 있습니다.

'아무 문제없이 살려면 이렇게 살아야만 하는구나!' 굉장히 위험한 생각입니다. '치킨은 맛있다.'와 '맛있는 건 치킨뿐이다.'는 엄연히 다르잖아요?

매사 유일한 정답이 있는 사람은 상대방의 다름을 '틀림'으로 여기며 어떻게든 고쳐야 한다고 말합니다. 사람마다 취향이 있고 자라온 환경이 있고 각자의 사정이 있는 건데 그 모든 걸 무시하고 하나의 정답만 강요하는 셈입니다.

저는 심리상담이 전략 시뮬레이션 게임이랑 비슷하다고 생각합니다. 지형과 자원에 따라 빌드를 정하고, 상대방의 상황에 맞춰 유동적으로 운영해야 게임에서 이기는 것처럼, 내담자의 현실과 처한 환경을 전반적으로 파악하고 성격과 행동에 맞춰 상담 전략을 맞춰가야 합니다.

유일한 정답에 내담자를 끼워 넣지 말고, 내담자 각각에 맞는 해답이 뭐가 있을지 고민할 수 있는 사람. 심리상담은 그런 사람이 해야 한다고 생각해요. 만약 누군가를 보면서 '이 사람을 알고 싶다.' 가 아니라 '이 사람을 내 뜻대로 바꾸고 싶다.'는 마음으로 상담을 하고 있다면 돌아보시기 바랍니다. 그 상담의 끝에 상담자도 내담자도 힘들어질 뿐이니까요.

둘째, 느린 변화에 화가 나는 사람.

적어도 전 세상에 악의보다 선의가 많다고 생각합니다. 하지만 선의가 항상 좋은 영향만 주지는 않습니다. 아무리 선의라도 '내가 이만큼 했으니 이 사람이 달라지겠지?' 하는 기대가 따르기 마련이니까요. 차라리 그 기대가 금전적인 거면 낫습니다. 노력의 대가만큼 지불하면 되니까. 근데 '당신이 잘 됐으면 좋겠어.'라는 마음이라면? 그 마음을 받은 우리는 선의의 대가로 '변화'를 보여 줘야 합니다. 어제보다 오늘 더 나아져야 한다는 압박이죠.

상담자의 기대가 부담스러울 정도로 커지면 내담자는 스스로를 위한 상담이 아닌 상담자를 위한 상담을 하게 됩니다. 내담자는 자신의 행복이 아닌, 상담자가 설정해 놓은 조건적 기준에 맞춰 행복을 끼워 맞춥니다. 물론 상담의 궁극적인 목적은 내담자의 변화. 그로 인한 합의 종결이죠. 상담자가 내담자의 사소한 변화도 캐치하고 마치 내 일처럼 기뻐할 수 있어야 함은 물론입니다. 하지만 이게 '무조건 상담을 통해 나는 매일 좋아져야만 해. 상담 선생님도 그걸 바라고 있어.'라는 압박이 되면 곤란합니다.

힘든 사정을 딱하게 여겼든, 잠시 동안의 호의였든, 동정이었든 진정 내담자에게 좋은 영향을 주는 상담자는 내담자를 '견뎌 주어야' 합니다. 견디는 상담자만이 '내담자의 행동 하나하나에 일희일비하지 않기' '내담자 존재 자체에 집중하기' '좋아지면 기뻐하지만, 나빠졌다고 낙담하지 않기' '퇴보하거나 정체한다 하더라도 늘 같은 자리에서 굳건히 견뎌 주기' '나아가 높아지고 낮아지는 물결 하나하나가 아닌 전체적인 흐름을 볼 수 있는 안목 기르기'가 가능합니다.

저는 저를 상담심리 '전문가'보다 상담심리 '수련가'라고 생각합니다. 상담에 대한 열의와 애정을 바탕으로 '적합한 상담심리사'가 되려고 노력합니다. 이 책을 보고 계신 여러분도 이러한 의지를 가지고 있다면 당당하게 시작하길 바랍니다. 개성 있고 매력적인 상담심리사가 되어 내담자를 돕는 길을 향해 달려갑시다. 그 길 어딘가엔 저 역시 달리고 있을 테니까요.

안녕하세요.

저는 어바웃심리상담센터를 운영하고 있는 상담심리사 함광성입니다.

어느새 개업한 지 5년 차가 되었네요. 처음 개업할 당시를 생각해 보면 정말 많이 두려웠던 것 같습니다. 주변에서는 개업을 응원하는 사람도 있었고, 아직 시기상조라며 말리는 사람도 있었습니다. 주변의 말보다 저를 가장 두렵게 했던 것은 제 마음의 소리였습니다.

'개업을 하기엔 나는 아직 너무 부족한 상담자가 아닐까?'

적어도 상담센터의 운영자라면 어떤 사례라도 능숙하게 잘 다룰 수 있어야 한다는 생각이 있었기 때문입니다. 저처럼 이 질문에 가로막혀 더 이상 용기 내지 못하고 있는 선생님들이 있다면, 꼭 드리고 싶은 말씀이 있습니다.

어떤 사례라도 능숙하게 잘 다룰 수 있는 상담자는 없습니다. 오히려 스스로를 어떤 사례라도 능숙하게 잘 다룰 수 있다고 믿는 상담자가 있다면, 그것은 오만입니다. 우리는 사람의 마음을 다룹니다. 그리고 사람의 마음은 우주와 같이 무한하죠. 그렇기에 상담자가 스스로를 어떤 사례든 잘 다룰 수 있다고 믿는 것은, 마치 온 우주의 이치를 이해하고 있다는 착각에 불과합니다.

좋은 상담자는 어떤 사례든 잘 다루는 상담자가 아니라 어떤 사례든 최선을 다하는 상담자입니다. 이것은 개업 상담에서든, 대학생 상담이든, 청소년상담이든, 병원 상담이든 다르지 않습니다. 개업 상담은 돈을 받고 하는 상담이니 더 잘해야 하는 것 아니냐는 말씀을 하시는 분들도 있지만, 그것은 뒤집어 말하면 돈을 받지 않고 하는 상담은 더 못해도 괜찮다는 말과 다르지 않습니다.

개업 상담은 특별한 상담자가 하는 것이 아닙니다. 여느 다른 영역의 상담선생님들처럼 최선을 다해 모든 상담에 임하는 선생님들 중 1명의 개업 상담자일 뿐입니다. 지난 5년간 저는 최선을 다 했지만, 여전히 모든 사례를 능숙하게 잘 다루지 못합니다. 앞으로도 그럴 것 같고요. 그래서 앞으로도 최선을 다할 예정입니다. 모든 사례에 정말 최선을 다해서 노력할 마음이 있는 선생님이라면 개업 상담현장에서도 충분히 잘 하실 수 있을 것이라고 믿습니다. 최선을 다하지 않는 것은 개업 상담자로서 부족한 것이 아니라, 어느 영역의 상담자로서도 부족한 것입니다.

또 한 가지 어려웠던 점은 바로 정보의 부족이었습니다. 인터넷에 창업/개업과 관련한 정보들을 아무리 찾아봐도 상담센터에 대한 정보는 찾아볼 수가 없었습니다. 상담만 해 왔던 저에게는 부동산에 방문하는 것조차 무서웠고, 5분이면 끝나는 사업자 등록도 5시간은 고민되는 일이었습니다. 처음 상담 신청이 들어왔을 때, 기쁨도 잠시 어떻게 안내해야 할지 혼란스러워서 멘붕에 빠졌던 적도 있습니다. 홍보라고는 전단지밖에 몰랐던 제가 홈페이지를 만들고 SNS를 운영하는 일도 참 막막하고 어려운 일이었습니다. 이 책에는 그런 제가 센터를 운영하며 시행착오의 경험을 반복하며 알게 된 정보들이 담겨 있습니다. 이 책의 내용은 정답이 아닙니다. 다만, 이 책의 내용이 개업을 꿈꾸고 계신 상담심리사 선생님들께 조금은 참고할 만한 정보가 되길, 나아가 개업에 대한 두려움과 막막함을 조금은 줄여 줄 수 있는 책이 되기를 바랍니다.

[저자 소개] _____

오형경(Oh Hyoung Kyoung)
숙명여자대학교 일반대학원 아동복지학과 아동심리치료전공 석사
숙명여자대학교 일반대학원 아동복지학과 아동심리치료전공 박사수료
한국상담심리학회 상담심리사 2급
한국놀이치료학회 놀이심리상담사 2급
현 새벽별심리상담센터 대표

〈역서〉
자폐 스펙트럼 아동과 청소년을 위한 발달놀이치료(3판, 공역, 학지사, 2021)

김진형(Kim Jin Hyung)
전북대학교 일반대학원 심리학과 석사
한국상담심리학회 상담심리사 2급
현 반디심리연구소 대표
    YouTube 채널 [반디심리연구소] 운영

〈저서〉
나는 나를 잘 모르겠어: 나에게 자주 묻는 13가지 질문(리플레이, 2020)
그 시간이 되면 그는 외롭다(리플레이, 2022)

함광성(Ham Gwang Sung)
한양대학교 일반대학원 교육학과 상담심리전공 석사
한양대학교 일반대학원 교육학과 상담심리전공 박사수료
한국상담심리학회 상담심리사 1급
현 어바웃심리상담센터 대표

〈저서〉
모두에게 잘 보일 필요는 없다(웨일북, 2022)

상담심리사로 살아남기
−진로고민부터 개업까지−
Surviving as a Counseling Psychologist

2024년 1월 10일 1판 1쇄 인쇄
2024년 1월 20일 1판 1쇄 발행

지은이 • 오형경 · 김진형 · 함광성
펴낸이 • 김진환
펴낸곳 • ㈜**학지사**
          04031 서울특별시 마포구 양화로 15길 20 마인드월드빌딩
대표전화 • 02-330-5114   팩스 • 02-324-2345
등록번호 • 제313-2006-000265호

홈페이지 • http://www.hakjisa.co.kr
인스타그램 • https://www.instagram.com/hakjisabook

ISBN 978-89-997-3014-6 03180

정가 16,000원

출판미디어기업 **학지사**

간호보건의학출판 **학지사메디컬** www.hakjisamd.co.kr
심리검사연구소 **인싸이트** www.inpsyt.co.kr
학술논문서비스 **뉴논문** www.newnonmun.com
교육연수원 **카운피아** www.counpia.com